RESUMO DE *O CAPITAL*

Friedrich Engels

RESUMO DE *O CAPITAL*
e outros textos

Tradução
Nélio Schneider

Apresentação
Lincoln Secco

© Boitempo, 2023

Direção-geral Ivana Jinkings
Edição Pedro Davoglio
Coordenação de produção Livia Campos
Assistência editorial Allanis Ferreira
Tradução Nélio Schneider e Leila Escorsim Netto (cartas)
Preparação Mariana Echalar
Revisão Thaís Nicoleti de Camargo
Desenho de capa Cássio Loredano
Diagramação e capa Antonio Kehl

Equipe de apoio Elaine Alves, Elaine Ramos, Erica Imolene, Frank de Oliveira, Frederico Indiani, Higor Alves, Isabella Meucci, Ivam Oliveira, Kim Doria, Luciana Capelli, Marcos Duarte, Marina Valeriano, Marissol Robles, Maurício Barbosa, Pedro Ravasio, Raí Alves, Thais Rimkus, Tulio Candiotto, Victória Lobo

CIP-BRASIL. CATALOGAÇÃO NA PUBLICAÇÃO
SINDICATO NACIONAL DOS EDITORES DE LIVROS, RJ

E48r

Engels, Friederich, 1829-1895
 Resumo de O capital / Friederich Engels ; tradução Nélio Schneider. - 1. ed. - São Paulo : Boitempo, 2023.
 144 p.

Apêndice
ISBN 978-65-5717-221-6

1. Economia. 2. Capital (Economia). 3. Economia marxista. I. Schneider, Nélio. II. Título.

23-83212   CDD: 335.412
              CDU: 330.85

Gabriela Faray Ferreira Lopes - Bibliotecária - CRB-7/6643

Este livro compõe a trigésima caixa do clube Armas da crítica.

É vedada a reprodução de qualquer parte deste livro sem a expressa autorização da editora.

1ª edição: março de 2023

BOITEMPO
Jinkings Editores Associados Ltda.
Rua Pereira Leite, 373
05442-000 São Paulo SP
Tel.: (11) 3875-7250 / 3875-7285
editor@boitempoeditorial.com.br
boitempoeditorial.com.br | blogdaboitempo.com.br
facebook.com/boitempo | twitter.com/editoraboitempo
youtube.com/tvboitempo | instagram.com/boitempo

SUMÁRIO

Nota da edição 7

Apresentação – *Lincoln Secco* 9

Friedrich Engels · [Resumo de] O capital, de Karl Marx. Volume I 15

Capítulo I – Mercadoria e dinheiro..17
    I. Mercadoria em si..17
    II. Processo de troca da mercadoria..19
    III. O dinheiro ou a circulação de mercadorias...20

Capítulo II – A transformação do dinheiro em capital 27
    I. A fórmula geral do capital 27
    II. Contradições da fórmula geral..29
    III. Compra e venda da força de trabalho 31

Capítulo III – Produção do mais-valor absoluto..35
    I. Processo de trabalho e processo de valorização..35
    II. Capital constante e capital variável 37
    III. A taxa do mais-valor..38
    IV. A jornada de trabalho...39
    V. Taxa e massa do mais-valor 42

Capítulo IV – A produção do mais-valor relativo...45
    I. O conceito do mais-valor relativo 45
    II. Cooperação...46
    III. Divisão do trabalho e manufatura 49
    IV. Maquinaria e grande indústria..52
    V. Outras investigações sobre a produção do mais-valor...............................60

Resenhas...61

[Friedrich Engels · [Resenha do volume I de *O capital* para o jornal *Die Zukunft* [O Futuro]] 63

[Friedrich Engels · [Resenha do volume I de *O capital* para a *Rheinische Zeitung* [Gazeta Renana]] 67

Friedrich Engels · [Resenha do volume I de *O capital* para a *Elberfelder Zeitung* [Gazeta de Elberfeld]] 71

Friedrich Engels · [Resenha do volume I de *O capital* para a *Düsseldorfer Zeitung* [Gazeta de Düsseldorf]] 73

Friedrich Engels · [Resenha do volume I de *O capital* para o jornal *Der Beobachter* [O Observador]] 75

Friedrich Engels · [Resenha do volume I de *O capital* para o *Gewerbeblatt aus Württemberg* [Jornal do Comércio]] 77

Friedrich Engels · [Resenha do volume I de *O capital* para a *Neue Badische Landeszeitung* [Novo Jornal de Baden]] 81

Friedrich Engels · [Resenha do volume I de *O capital* para o *Demokratisches Wochenblatt* [Semanário Democrático]] 83

Friedrich Engels · [Resenha do volume I de *O capital* para *The Fortnightly Review* [A Revista Quinzenal]] 91

Fontes das traduções 111

Apêndice 113

Friedrich Engels a Karl Marx, 4 de março de 1858 115

Friedrich Engels a Karl Marx, 27 de agosto de 1867 119

Índice onomástico 123

Cronologia resumida de Marx e Engels 127

NOTA DA EDIÇÃO

Em seu 32º volume, a coleção Marx-Engels da Boitempo oferece aos leitores um conjunto de textos de Friedrich Engels sobre o Livro I de *O capital*. Trata-se de oito resenhas curtas e uma longa – redigidas para serem publicadas em periódicos de orientações variadas, além de um resumo inacabado, elaborado para uso próprio, que pela sua relevância, dá título a este livro.

O leitor perceberá de pronto a diversidade de linguagem e posicionamento político e teórico presente nos textos. Isso se explica pela intenção do autor de fazer a obra-prima de Karl Marx chegar a um público o mais amplo possível, aplicando a tática de publicar – além dos textos assinados em nome próprio, com o prestígio de que já desfrutava à época – algumas resenhas sob pseudônimo, em jornais das mais variadas extrações ideológicas, inclusive liberais. Com isso em mente, o leitor contemporâneo não se surpreenderá com as reticências do grande camarada de Marx à "concepção socialista do autor" de *O capital*.

Mas, para além dos aspectos curiosos que envolvem a redação deste livro, seu maior valor reside na possibilidade de contemplarmos em detalhe o modo como Engels recebeu a obra recém-publicada por seu parceiro de ideias e lutas. Entre os textos que compõem esta edição brasileira, o "Resumo de *O capital*, de Karl Marx. Volume I" e a "Resenha do volume I de *O capital* para *The Fortnightly Review*", os mais longos, permitem visualizar com clareza o que ele enxergava de essencial nas ideias ali expostas; suas ênfases, o modo como interpretava e reconstruiu determinados argumentos, bem como sua estratégia de resumo e propagação dos fundamentos da crítica da economia política.

As notas de rodapé vão todas numeradas. A maioria delas vem da edição alemã adotada – a *Marx-Engels Werke*, v. 16 (Berlim, Dietz, 1962) – e são identificadas pela sigla N. E. A. As notas acrescentadas pela Boitempo estão identificadas pela sigla N. E. São também da edição brasileira as interpolações entre colchetes nas notas da edição alemã, normalmente para indicar as referências da nossa edição de *O capital*.

Friedrich Engels – Resumo de O capital

A Boitempo agradece a toda a equipe que tornou este livro possível: ao tradutor Nélio Schneider; a Lincoln Secco, autor da apresentação; a Cássio Loredano, criador da ilustração de capa; à preparadora do texto, Mariana Echalar; a Antonio Kehl, que diagramou o volume; à revisora Thaís Nicoleti de Camargo; e a Janaína de Faria, autora do texto de orelha.

Março de 2023

APRESENTAÇÃO

Lincoln Secco

Friedrich Engels ainda é pouco estudado. Não surpreende que só neste século XXI tenham surgido novas biografias realmente abrangentes sobre ele. A biografia clássica de Gustav Mayer, de longe a mais documentada e informativa, só ganhou uma edição brasileira em 2020[1].

Engels não precisaria de qualquer reconhecimento numa edição de seus escritos feita na época em que Mayer o biografou. Ele não só era visto como o único parceiro em que Karl Marx confiava plenamente como também possuía obras próprias que o autor de *O capital* considerou simplesmente geniais, como o *Esboço para a crítica da economia política*[2]. Marx redigiu a versão final do *Manifesto Comunista*[3] com materiais da Liga dos Comunistas e os *Princípios do comunismo*[4], de Engels. *A situação da classe trabalhadora na Inglaterra*[5] até hoje situa Engels entre os grandes historiadores da formação da classe operária e entre os primeiros a conferir ao termo Revolução Industrial um estatuto científico.

Todavia, Engels perdeu muito do seu reconhecimento no século XXI. Isso se explica em parte porque grande parte de sua atuação foi dedicada a Marx, ao escrever artigos que este assinou[6] ou lançar lemas que se tornaram famosos sob

---

[1] Gustav Mayer, *Friedrich Engels: uma biografia* (trad. Pedro Davoglio, São Paulo, Boitempo, 2020). Sobre Marx, temos o já incontornável trabalho de José Paulo Netto, *Karl Marx: uma biografia* (São Paulo, Boitempo, 2020).

[2] Friedrich Engels, "Esboço para uma crítica da economia política", em *Esboço para uma crítica da economia política e outros textos de juventude* (trad. Nélio Schneider, Ronaldo Vielmi Fortes, José Paulo Netto e Maria Filomena Viegas, São Paulo, Boitempo, 2021). (N. E.)

[3] Karl Marx e Friedrich Engels, *Manifesto Comunista* (trad. Álvaro Pina e Ivana Jinkings, São Paulo, Boitempo, 1998). (N. E.)

[4] Friedrich Engels, "Princípios do comunismo", em *Esboço para uma crítica da economia política*, cit. (N. E.)

[5] Idem, *A situação da classe trabalhadora na Inglaterra* (trad. B. A. Schumann, São Paulo, Boitempo, 2008). (N. E.)

[6] É o caso da obra *Revolução e contrarrevolução na Alemanha* (trad. José Barata-Moura, Lisboa, Avante!, 1981), conjunto de artigos escritos entre agosto de 1851 e outubro de 1852 para o *New York Daily Tribune*.

Friedrich Engels – Resumo de O capital

autoria de Marx. Engels atuou por muitos anos profissionalmente, enquanto Marx pensava em suas obras. Além disso, sua imagem ficou indelevelmente vinculada a duas experiências bastante criticadas pelos intelectuais: a II Internacional e o socialismo real. A queda do Muro de Berlim e a ascensão do neoliberalismo solaparam as duas forças dominantes na esquerda inspiradas nessas tradições: o movimento comunista mundial e a social-democracia.

Engels teve um papel destacado na orientação teórica da Social-Democracia Alemã e acompanhou o início do seu crescimento eleitoral após a revogação das leis antissocialistas[7]. Nos países socialistas, ele foi invocado como autoridade científica e seu busto invariavelmente acompanhou esculturas de Marx e Lênin. Engels também desenvolveu o diálogo do marxismo com as ciências naturais numa época de avanço do positivismo, do spencerianismo e do darwinismo. Ele foi visto depois como vulgarizador e até mesmo inventor do marxismo como uma doutrina, ainda que fosse muitas vezes contrário ao uso do termo "marxista". Também fez brilhantes análises das relações internacionais, aconselhou partidos operários, polemizou com catedráticos que atacaram o legado teórico de Marx e combateu as concepções anarquistas na Espanha, na Itália ou onde quer que elas ameaçassem a direção socialista da II Internacional. Ele tinha o talento de um grande historiador e deixou relatos e fragmentos sobre diversas épocas históricas e países. Também fez sombrias previsões na área militar, sendo um leitor atento de Carl von Clausewitz, o autor do clássico *Da guerra*[8].

O centenário da morte de Engels coincidiu com um decênio de ataques ao marxismo e teve poucas rememorações. No Brasil, um congresso foi realizado na Universidade de São Paulo[9] e um debate em sua homenagem foi feito pelo Núcleo de Estudos de *O capital* do Partido dos Trabalhadores na Câmara Municipal de São Paulo. Em outras cidades houve debates e algumas revistas marxistas publicaram artigos. Osvaldo Coggiola publicou um livro sobre o "segundo violino"[10]. No Brasil, só mais recentemente algumas obras e teses se debruçaram sobre o papel de Engels[11],

---

[7] Há uma tradução dessas leis em Marília Bremberger, "As leis antissocialistas de Bismarck", *Mouro: Revista Marxista*, ano 4, n. 7, 2012, p. 155-66.

[8] Carl von Clausewitz, *Da guerra* (trad. Maria Tereza Ramos, 3. ed., São Paulo, WMF Martins Fontes, 2010). (N. E.)

[9] Osvaldo Coggiola (org.), *Marx e Engels na História* (São Paulo, Xamã, 1996).

[10] Idem, *Engels, o segundo violino* (São Paulo, Xamã, 1995).

[11] Apenas a título de exemplo e sem nenhuma intenção de oferecer um levantamento da última década aos dias atuais: Douglas Anfra, *Friedrich Engels: guerra e política: uma investigação sobre a análise marxista da guerra e das organizações militares* (dissertação de mestrado, São Paulo, FFLCH-USP, 2013); Ricardo Rizzo, *Espectros vencidos: a teorização negativa do sistema internacional em Marx e Engels* (tese de doutorado, São Paulo, FFLCH-USP, 2015). Ver também Felipe Cotrim, *Jovem Engels: evolução filosófica e crítica da economia política (1838-1844)* (São Paulo, Viriato, 2022); Ricardo Musse, "Friedrich Engels na gênese do marxismo", *A Terra é Redonda*, 26/11/2021, disponível em: <https://aterraeredonda.com.br/friedrich-engels-na-genese-do-marxismo/>, acesso em: 21 mar. 2023.

Apresentação

mas há de se destacar que o tema da economia política permaneceu praticamente ausente[12].

Embora *O capital* seja o livro mais importante de Marx, ele não é o mais lido e nem mesmo pode ser considerado completo, como hoje sabemos. Friedrich Engels buscou exatamente preencher essas duas lacunas nos últimos anos de sua vida: divulgar e editar a obra-prima do materialismo histórico na forma mais aparentemente acabada possível.

Para quebrar o que Marx chamou de "conspiração de silêncio" da burguesia, o amigo e parceiro intelectual de toda uma vida fez inúmeras resenhas em jornais operários e burgueses. Engels já se ocupara da divulgação da *Contribuição para a crítica da economia política*[13], de Marx, nos números 14 e 16 do jornal *Das Volk* [O Povo], entre 6 e 20 de agosto de 1859. Para responder às críticas que alguns economistas endereçaram ao primeiro volume de *O capital*, Engels atuou como editor do segundo e terceiro volumes, corrigiu operações numéricas, fez interpolações e até notas de rodapé para amenizar o tom acerbo de Marx. Preparou, a partir dos manuscritos de Marx, um capítulo sobre a velocidade de rotação do capital variável.

O prefácio ao Livro III, escrito e publicado por Engels em 1894, documenta como ele tentou controlar a recepção da obra de Marx: comentou o livro de Conrad Schmidt *A taxa média de lucro com base na lei do valor de Marx*, publicado em Stuttgart em 1889; contestou autores menores e polemizou com Werner Sombart no Suplemento ao Livro III de *O capital*.

Cabe lembrar que Engels, embora tenha produzido diversos artigos econômicos, estabeleceu uma divisão do trabalho com Marx e não tentou fornecer uma contribuição própria ao tema. Mesmo em seu *Anti-Dühring*[14], o capítulo sobre economia política foi escrito por Marx. Engels dedicou-se a temas militares, antropológicos, história e geografia da Irlanda, política internacional, disputas no seio do movimento operário, leis da dialética e, particularmente, à difusão do marxismo como uma doutrina capaz de orientar o nascente Partido Social-Democrata da Alemanha e os demais partidos e movimentos operários de outros países.

Seu papel de divulgador e editor foi pouco reconhecido ou malvisto e permitiu que ele fosse acerbamente criticado (um exemplo entre muitos é o de Maximilien Rubel, que editou os textos econômicos de Marx na coleção Bibliothèque

---

[12] Para uma leitura brasileira que considera que Engels desfigurou a teoria do valor de Marx, ver Francisco José Teixeira e Rodrigo Cavalcante, "O capital de Marx: notas dissonantes do segundo violino", *Kalagatos*, 2023 (no prelo).

[13] Karl Marx, *Contribuição para a crítica da economia política* (trad. Maria Helena Barreiro Alves, 5. ed., São Paulo, WMF Martins Fontes, 2016). (N. E.)

[14] Friedrich Engels, *Anti-Dühring: a revolução da ciência segundo o senhor Eugen Dühring* (trad. Nélio Schneider, São Paulo, Boitempo, 2015). (N. E.)

Friedrich Engels – Resumo de O capital

de la Pléiade, da Gallimard). Engels foi reduzido a ideólogo da II Internacional, vulgarizador do marxismo, positivista e até precursor de um empobrecimento teórico que teria sido imposto pelo stalinismo.

Engels não foi o único dos amigos de Marx a tentar quebrar a "conspiração de silêncio" em torno de *O capital*, mas foi o mais dedicado. Utilizou-se de uma rede de velhos companheiros[15] dele, de Jenny e de Marx e publicou uma série de artigos anônimos para a chamada "imprensa burguesa" criticando *O capital* de um ponto de vista "burguês"[16]. A presente edição da Boitempo resgata esses artigos dispersos e sua publicação conjunta permite pela primeira vez à leitora e ao leitor sistematizar as estratégias editoriais de Engels, além de ter uma visão dos limites que a imprensa impunha e impõe à forma da escrita, à radicalidade das opiniões e ao aprofundamento das ideias. E, mais ainda, este livro contribui para debater a polêmica sobre como Engels teria constituído o marxismo como um sistema teórico assimilável pelo movimento operário da época.

Os textos aqui reunidos nos revelam os conceitos que Engels considerou mais importantes em *O capital*. Um exemplo é a diferenciação entre trabalho e força de trabalho, que não possui centralidade na economia política clássica. Louis Althusser, em seu *Ler O capital*[17], considerou essa distinção fundamental. Não é que Adam Smith e Ricardo não tivessem enxergado algo que já estivesse pronto para ser visto no âmbito da economia política. Quando lemos *A riqueza das nações*, podemos ficar estupefatos com quanto Marx e Engels deveram a Adam Smith (e também a François Quesnay, David Ricardo, Jean de Sismondi, Thomas Hodgskin, Robert Owen e tantos outros). Mas é evidente que Marx retrabalhou os conceitos e superou as inúmeras aporias da economia clássica, particularmente na diferenciação entre trabalho e força de trabalho. Para Althusser, Marx teria mesmo produzido um novo objeto teórico e formulado uma resposta a uma pergunta que até então não existia. A questão "qual o valor do trabalho?" só poderia ter uma resposta absurda e tautológica, já que o trabalho é a substância do valor. É a força de trabalho que é capaz de repor seu valor e pôr o mais-valor. Ela agrega um valor inteiramente novo durante o processo de produção.

Isso explica por que Adam Smith antecipou vários conceitos utilizados por Marx e entendeu a origem da renda fundiária, do lucro e dos tributos, tratou do caráter produtivo e improdutivo do trabalho e expôs perfeitamente o papel do trabalho vivo na geração de um valor novo agregado durante o processo produtivo e apro-

---

[15] Entre os velhos amigos de Marx estavam Arnold Ruge, Ludwig Feuerbach e Johann Philipp Becker (a quem Jenny contatou).

[16] Lincoln Secco, "História editorial de O capital", *Revista Novos Rumos*, v. 37, 2002, p. 43-62.

[17] Louis Althusser, *Lire Le capital* (Paris, Maspero, 1973), p. 30 [ed. bras.: *Ler O capital*, trad. Nathanael C. Caixeiro, Rio de Janeiro, Zahar, 1979].

Apresentação

priado pelo empresário[18], mas ao mesmo tempo recaiu em argumentos morais ou confusos para justificar a apropriação privada da riqueza socialmente produzida.

Em *Trabalho assalariado e capital*[19], escrito por Marx em 1847 como base para as conferências feitas na Associação dos Operários Alemães de Bruxelas e publicado em 1849 em separata na *Nova Gazeta Renana*, essa diferença entre trabalho e força de trabalho não existe. Reeditado em diversas ocasiões, reapareceu em 1884 pela Cooperativa Tipográfica Suíça Hottingen-Zürich. Em 1891, Engels modificou e "corrigiu" os conceitos das edições anteriores. Engels acentuou essa precisão conceitual nas resenhas de *O capital*, ou seja, exercitou o tipo de intervenção textual que estava fazendo em *O capital*.

Para o matemático e cientista político alemão Michael Heinrich, Engels foi responsável pela criação de capítulos, pela atribuição de títulos, por notas de rodapé, por transposições textuais, omissões, conversões, inserções e pequenas modificações nos livros II e III de *O capital*, que provocaram dubiedades interpretativas. Engels fez uma adaptação do manuscrito e deixou ocultas várias de suas intervenções no texto que mudam o sentido geral da obra, pois oferecem respostas para questões que Marx deixou em aberto[20]. O resumo que Engels fez de algumas partes de *O capital* inserido na presente edição servirá para quem quiser investigar mais a fundo a leitura própria do autor deste livro sobre a obra de Marx: quais suas ênfases e omissões? Como ele priorizou a sistematicidade e a compreensibilidade e por quais razões?

Seus textos também primam pelo estilo entre sério e irônico, particularmente nas recomendações oferecidas aos economistas da Alemanha. Quem espera de Marx o anúncio do "reino milenar comunista" se decepcionará, diz Engels: "ficará sabendo como as coisas não devem ser"[21]. Também escreveu sentenças magníficas pelo didatismo e pela concisão: assim, a força de trabalho é "uma mercadoria cujo valor de uso consiste em gerar valor de troca"[22] e o "salário do trabalho é menor do que a totalidade do produto do trabalho"[23].

---

[18] Para ele "o valor que os trabalhadores adicionam às matérias-primas divide-se, portanto, em duas partes, uma das quais paga os seus salários, e a outra, os lucros do seu empregador sobre a soma de matérias-primas e salários por ele adiantados"; Adam Smith, *A riqueza das nações*, v. 1 (trad. Eunice Ostrensky e Alexandre Amaral Rodrigues, São Paulo, WMF Martins Fontes, 2020), p. 60.

[19] Karl Marx, *Trabalho assalariado e capital* (trad. Álvaro Pina, 2. ed., Lisboa, Avante!, 1981). (N. E.)

[20] Michael Heinrich, "Engels' Edition of the Third Volume of Capital and Marx's Original Manuscript", *Science and Society*, v. 60, n. 4, 1996-1997, p. 452-66.

[21] Neste livro, p. 73.

[22] Neste livro, p. 68.

[23] Neste livro, p. 70.

Friedrich Engels – Resumo de O capital

Engels admite ironicamente que Marx tem conclusões tendenciosas, mas sugere que os leitores se concentrem nas "consistentes explicações assertivas"[24] do autor. Pede que deixem de lado a tendência socialista do autor e se concentrem nas lições de história econômica sobre cooperação, manufatura e grande indústria. Mais de uma vez dá relevo ao uso de fontes como os relatórios do Parlamento inglês. Obviamente, ele se dirige ao público burguês. Vemos nessas resenhas um Engels didático, irônico e devotado a promover a "economia política do trabalho", como Marx se referiu ao ponto de vista da classe trabalhadora.

Em 1884, numa carta a Johann Becker, o amigo suíço de Jenny Marx que ajudou na difusão de *O capital*, Engels disse ter passado a vida tocando o segundo violino, função que desempenhou muito bem. Mas, quando, de repente, lhe foi exigido que assumisse o lugar de Marx em questões teóricas, inevitavelmente cometeu erros e ninguém esteve mais ciente disso do que ele.

Engels foi, à sua maneira, fiel ao espírito do texto de Marx, num século em que editores tinham muito mais liberdade e a conjuntura não pedia centenas de volumes com variantes dos manuscritos de Marx propícios para debates acadêmicos que hoje são realmente úteis e necessários. Aliás, Marx era ignorado pelas universidades. E Friedrich Engels tinha consciência de que os partidos operários que então se formavam precisavam de uma obra coesa que servisse para forjar não carreiras, mas revolucionários. Que somente as lutas sociais organizadas, informadas por uma teoria revolucionária, seriam capazes de realizar alterações profundas no curso da história. A teoria é inócua se não se populariza.

Por mais que hoje saibamos que *O capital* é uma obra monumental e inacabada, a edição de Engels não impediu que tantos revolucionários desenvolvessem a teoria do imperialismo, da troca desigual, da queda tendencial da taxa de lucro, do trabalho produtivo, das formações pré-capitalistas, da transição socialista, da assim chamada acumulação primitiva etc. Ao contrário: aquela edição, traduzida e difundida ainda hoje, é um documento da "efetividade histórica"[25] do pensamento de Marx.

São Paulo, março de 2023

---

[24] Neste livro, p. 75.

[25] A expressão é de Antonio Gramsci, *Quaderni del cárcere* (org. Valentino Gerratana, Turim, Einaudi, 2014), Q 1, § 65, p. 76 [ed. bras.: *Cadernos do cárcere*, trad. Carlos Nelson Coutinho, 5. ed., Rio de Janeiro, Civilização Brasileira, 2010].

[Resumo de] *O capital*, de Karl Marx Volume I[1]

LIVRO I
O processo de produção do capital

---

[1] O *Resumo de* O capital, que Friedrich Engels escreveu durante o ano de 1868, foi conservado na forma de manuscrito, abrangendo, no entanto, somente as duas primeiras terças partes do livro, incluindo a seção "Maquinaria e grande indústria". Em sua língua original, o *Resumo* foi publicado pela primeira vez em 1933 como edição separada, preparada pelo Instituto para o Marxismo-Leninismo junto ao Comitê Central do Partido Comunista da União Soviética. (N. E. A.)

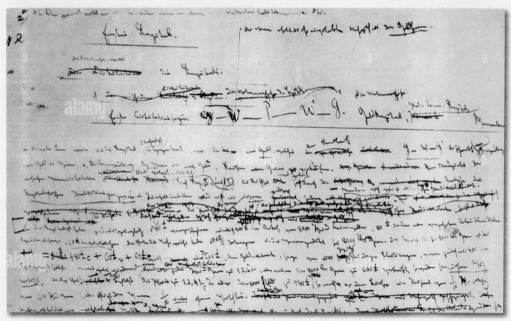

Página do manuscrito de *O capital*.

CAPÍTULO I

Mercadoria e dinheiro[1]

I. Mercadoria em si[2]

A riqueza das sociedades nas quais reina a produção capitalista consiste de *mercadorias*. A mercadoria é uma coisa que possui *valor de uso*; este existe em todas as formas de sociedade, mas na sociedade capitalista o valor de uso é concomitantemente o suporte material do *valor de troca*.

O valor de troca pressupõe um *tertium comparationis* [terceiro elemento de comparação] pelo qual ele é medido: o trabalho, a substância social comum dos valores de troca, mais precisamente, *o tempo de trabalho socialmente necessário* nele objetivado.

Do mesmo modo que a mercadoria possui a dupla face de valor de uso e valor de troca, o trabalho nela contido é duplamente determinado: de um lado, como *atividade produtiva determinada*, trabalho de tecelão, de alfaiate etc. etc., *"trabalho útil"*; de outro lado, como *simples dispêndio de força de trabalho humana, como trabalho abstrato depositado*. Aquela produz valor de uso; este, valor de troca – e só este é quantitativamente comparável (isso é *confirmado* pelas diferenciações entre trabalho *skilled* [qualificado] e *unskilled* [não qualificado], trabalho composto e simples).

Portanto, a substância do valor de troca é o trabalho abstrato, a grandeza deste é sua medida de tempo. Resta analisar a forma do valor de troca.

---

[1] Depois da primeira publicação do volume I de *O capital* (1867), Marx reelaborou algumas seções do livro e modificou sua estrutura. Em vez dos seis capítulos e do suplemento ao primeiro capítulo, a segunda edição alemã e as edições posteriores têm sete seções, totalizando 25 capítulos; ver *Marx-Engels Werke*, v. 23 (Berlim, Dietz, 1962). Os números de páginas citados por Engels neste texto referem-se à primeira edição do volume I de *O capital*. Todas as abreviações claramente decifráveis do manuscrito estão por extenso. Quando houve dúvida, a informação acrescentada aparece entre colchetes. (N. E. A.)

[2] Ver *Marx-Engels Werke*, v. 23, cit., p. 49-98 [ed. bras.: *O capital: crítica da economia política*, Livro I: *O processo de produção do capital* (trad. Rubens Enderle, São Paulo, Boitempo, 2013), p. 113-58]. (N. E. A.)

Friedrich Engels – Resumo de O capital

1) x mercadoria $a = y$ mercadoria b, o valor de uma mercadoria expresso em valor de uso de outra é seu *valor relativo*. A expressão da equivalência de duas mercadorias é a forma simples do valor relativo. Na equação anterior, y *mercadoria* b é o *equivalente*. Nele, x *mercadoria* a adquire sua forma de valor em contraposição a sua forma natural, ao passo que y *mercadoria* b adquire a propriedade da permutabilidade imediata, mesmo em sua forma natural. O valor de troca é estampado na mercadoria em função de determinadas condições históricas de seu valor de uso. Por conseguinte, ela não pode expressá-lo em seu próprio valor de uso, mas apenas no valor de uso de outra mercadoria. Somente quando dois produtos concretos do trabalho são equiparados é que a propriedade do trabalho concreto contido em ambos como trabalho humano abstrato se torna aparente, isto é, uma mercadoria não pode comportar-se como mera forma de realização de trabalho abstrato em relação ao trabalho contido em si mesma, mas pode fazê-lo em relação ao trabalho concreto contido em outros tipos de mercadoria.

A equação x mercadoria $a = y$ mercadoria b implica necessariamente que x mercadoria a também pode ser expressa em outras mercadorias, ou seja:

2) x mercadoria $a = y$ mercadoria $b = z$ mercadoria $c = v$ mercadoria $d = u$ mercadoria $e =$ etc. etc. etc. Essa é forma *desdobrada* do valor relativo. Nela, x mercadoria a não se refere mais a uma mercadoria, mas a *todas* as mercadorias como meras formas de manifestação do trabalho representado por ela. Contudo, por uma inversão simples, ela leva à:

3) segunda forma invertida do valor relativo:

$$y \text{ mercadoria } b = x \text{ mercadoria } a$$
$$u \text{ mercadoria } d = x \text{ mercadoria } a$$
$$v \text{ mercadoria } c = x \text{ mercadoria } a$$
$$t \text{ mercadoria } e = x \text{ mercadoria } a$$
$$\text{etc. etc.}$$

Aqui as mercadorias recebem a *forma universal do valor relativo*, na qual elas, enquanto mercadorias, abstraem de seus valores de uso e se igualam como materialidade de trabalho abstrato em x *mercadoria* a. X mercadoria a é a forma genérica do equivalente de todas as outras mercadorias; ela é seu *equivalente universal*, o trabalho nela materializado vige diretamente como realização do trabalho abstrato, como trabalho universal. Agora, porém,

4) *toda* mercadoria da série pode assumir o papel de equivalente universal, mas *ao mesmo tempo* somente uma delas, pois, se *todas* as mercadorias fossem equivalentes universais, cada uma excluiria as demais. A forma 3 não é gerada por x mercadoria a, mas pelas demais mercadorias, objetivamente. Portanto, uma determinada mercadoria tem de assumir esse papel – temporariamente, ela pode variar – e só desse modo a mercadoria se torna completamente mercadoria. Essa mercadoria especial, na qual a forma natural concresce com a forma de equivalente universal, é o *dinheiro*.

Mercadoria e dinheiro

A *dificuldade* em relação à *mercadoria* reside no fato de ela, como todas as categorias do modo de produção capitalista, representar uma relação pessoal sob um invólucro objetal. Os produtores relacionam seus diferentes trabalhos uns com os outros como trabalho humano universal na medida em que relacionam seus produtos um com o outro como *mercadorias* – sem essa mediação das coisas, eles não conseguem fazer isso. A relação entre as *pessoas se manifesta*, portanto, como relação entre as *coisas*.

Para uma sociedade em que predomina a produção de mercadorias, o cristianismo, e em especial o protestantismo, é a religião adequada.

II. Processo de troca da mercadoria[3]

É na troca que a mercadoria prova que é mercadoria. Os possuidores de duas mercadorias precisam ter vontade de trocar suas respectivas mercadorias e, portanto, reconhecer-se mutuamente como *proprietários privados*. Essa relação jurídica, cuja *forma* é o contrato, é tão somente a relação volitiva, na qual se reflete a relação econômica. Seu *conteúdo* é dado pela própria relação econômica (p. 45 [p. 159])[4].

A mercadoria é valor de uso para seu não possuidor e não valor de uso para seu possuidor. Daí a necessidade da troca. Mas todo possuidor de mercadorias quer trocá-las por valores de uso específicos que lhe são necessários – até esse ponto a troca é um processo individual. Em contrapartida, ele quer realizar sua mercadoria como valor, portanto como qualquer outra mercadoria – quer a *sua* mercadoria seja valor de uso para o possuidor da outra mercadoria, quer não. Sendo assim, a troca é para ele um processo social geral. Porém o mesmo processo não pode ser, ao mesmo tempo, individual e social geral para todos os possuidores de mercadorias. Cada possuidor de mercadorias considera a *sua* mercadoria um equivalente universal e as demais mercadorias equivalentes particulares da sua. Dado que *todos* os possuidores de mercadorias fazem a mesma coisa, *nenhuma* mercadoria é equivalente universal e, por conseguinte, *nenhuma* mercadoria possui a forma universal do valor relativo, no qual todos os valores se equivalem e se comparam como grandezas de valor. Em consequência, elas não se confrontam de modo nenhum como mercadorias, mas apenas como produtos (p. 47 [p. 160-1]).

As mercadorias só podem se relacionar entre si como valores e, portanto, como mercadorias, relacionando-se antagonicamente a alguma outra mercadoria como equivalente universal. Mas *só a ação social pode fazer de determinada mercadoria um equivalente universal: dinheiro.*

---

3   Ibidem, p. 99-108 [ed. bras.: *O capital*, cit., p. 159-68]. (N. E. A.)

4   O número de página entre colchetes corresponde à edição brasileira de *O capital*, cit. (N. E.)

Friedrich Engels – Resumo de O capital

A contradição imanente à mercadoria enquanto unidade imediata de valor de uso e valor de troca, enquanto produto de trabalho privado útil [...] e enquanto materialidade social imediata de trabalho humano abstrato, essa contradição não descansa enquanto não se constitui na duplicação da mercadoria em mercadoria e dinheiro (p. 48 [p. 161-2]).

Como todas as mercadorias são apenas equivalentes particulares do dinheiro, que é seu equivalente universal, elas se relacionam com o dinheiro como mercadorias *particulares* com a mercadoria universal (p. 51 [p. 164]). O processo de troca confere à mercadoria, que ele transforma em dinheiro, não seu *valor*, mas sua *forma* de valor (p. 51 [p. 165]). – Fetichismo: uma mercadoria não parece se tornar dinheiro porque todas as outras mercadorias representam nela seus valores, mas, ao contrário, estas é que parecem expressar nela seus valores pelo fato de ela ser *dinheiro* [p. 167].

III. *O dinheiro ou a circulação de mercadorias*[5]

A. Medida dos valores (pressupondo ouro como dinheiro)

O dinheiro, como medida de valor, é a *forma necessária de manifestação* da medida *imanente* de valor das mercadorias: *o tempo de trabalho*. A expressão do valor relativo simples das mercadorias em dinheiro, x mercadoria $a = y$ dinheiro, é seu preço (p. 55 [p. 169-70]).

O preço da mercadoria, sua forma-dinheiro, é expresso em dinheiro *representado*; portanto, o dinheiro só é *medida dos valores* como dinheiro ideal (p. 57 [p. 170]).

Uma vez consumada a transformação de valor em preço, torna-se tecnicamente necessário continuar desenvolvendo a medida dos valores em *padrão de preços*; isto é, é fixada uma quantidade de ouro, *pela qual são medidas diversas quantidades de ouro*. Trata-se de algo bem diferente da medida de valores, a qual depende, ela própria, do valor do ouro, sendo este, no entanto, indiferente para o padrão de preços (p. 59 [p. 173]).

Sendo os preços representados em denominações contábeis do ouro, o dinheiro funciona como *moeda de conta*.

Sendo o preço, enquanto exponente da grandeza de valor da mercadoria, exponente de sua relação de troca por dinheiro, disso *não* decorre, inversamente, que o exponente de sua relação de troca por dinheiro seja *necessariamente* o exponente de sua grandeza de valor. Supondo-se que circunstâncias permitam ou obriguem a venda de uma mercadoria acima ou abaixo do seu valor, esses preços de venda, embora não sejam corres-

---

[5] Ver *Marx-Engels Werke*, v. 23, cit., p. 109-60 [ed. bras.: *O capital*, cit., p. 169-220]. (N. E. A.)

Mercadoria e dinheiro

pondentes ao seu valor, constituem, ainda assim, *preços* da mercadoria, pois eles são: 1) sua forma de valor, dinheiro; e 2) exponentes de sua relação de troca por dinheiro.

Portanto, a possibilidade de incongruência quantitativa entre preço e grandeza de valor *está dada na própria forma-preço*. Isso não é nenhum defeito dessa forma, mas, ao contrário, aquilo que a torna a forma adequada a um modo de produção em que a regra só pode impor-se como lei média do desregramento que atua cegamente. Mas a forma-preço [...] também pode abrigar uma contradição qualitativa, de tal modo que o preço deixe absolutamente de ser expressão de valor [...]. A consciência, a honra etc. podem [...], mediante seu preço, assumir a forma-mercadoria (p. 61 [p. 174-7]).

A medição dos valores em dinheiro, a forma-preço, inclui a necessidade da venda, a precificação ideal inclui a [venda] real. Daí a circulação.

B. Meio de circulação

a) A metamorfose das mercadorias

Forma simples: M-D-M, cujo conteúdo material = M-M. Valor de troca é entregue e valor de uso é apropriado.

a) Primeira fase: M-D = venda, na qual são necessários dois e, portanto, a possibilidade do insucesso, ou então de venda abaixo do valor ou mesmo abaixo dos custos de produção, caso o valor social da mercadoria se modifique. "A divisão do trabalho converte o produto do trabalho em mercadoria e, com isso, torna *necessária* sua metamorfose em dinheiro. Ao mesmo tempo, ela transforma o sucesso ou insucesso dessa transubstanciação em algo *acidental*" (p. 67 [p. 182]). Mas aqui é preciso analisar o fenômeno em sua forma pura. M-D pressupõe que o detentor de D (caso ele não seja produtor de ouro) tenha trocado seu D anteriormente por outra M: portanto, para o *comprador* não só é inversamente = D-M, mas pressupõe que ele tenha feito uma venda anterior etc., de modo que temos uma série interminável de compras e vendas.

b) O mesmo sucede na segunda fase, D-M, *compra*, que para os demais implicados é, ao mesmo tempo, venda.

g) Portanto, o processo como um todo é um ciclo de compras e vendas. *Circulação de mercadorias*. Esta é bem diferente da troca direta de produtos; em primeiro lugar, as barreiras individuais e locais da troca direta de produtos são rompidas e o metabolismo do trabalho humano passa a ser mediado; em segundo lugar, aqui já fica evidente que todo o processo é condicionado por conexões sociais naturais, que são independentes de seus agentes (p. 72 [p. 186]). A troca simples se extingue na ação de troca em que o não valor de uso foi trocado pelo valor de uso; a circulação vai infinitamente além disso.

P. 73 [p. 186]. Eis o falso dogma econômico: *a circulação de mercadorias implica um necessário equilíbrio entre compras e vendas, porque toda compra é também*

Friedrich Engels – Resumo de O capital

uma venda e vice-versa – o que quer dizer que todo vendedor já traz para o mercado o seu comprador. 1) Compra e venda são, por um lado, um ato idêntico em relação a duas pessoas em polos opostos; por outro, são dois atos em polos opostos em relação a uma mesma pessoa. Logo, a identidade de compra e venda implica que a mercadoria é inútil se não for vendida e que isso *pode* acontecer. 2) O processo parcial M-D é, ao mesmo tempo, um processo autônomo e implica que aquele que adquire D pode escolher o momento de voltar a transformar esse D em M. Ele pode *esperar*. A unidade interna dos processos autônomos M-D e D-M move-se exatamente por causa da autonomia desses processos em antíteses externas e, quando a autonomização desses processos dependentes atinge determinado limite, *a unidade busca se afirmar por meio de uma crise*. Portanto, sua *possibilidade* já é dada aqui.

Como mediador da circulação de mercadorias, o dinheiro é *meio de circulação*.

b) Curso do dinheiro

O dinheiro é o meio pelo qual cada mercadoria individual entra e sai da circulação; ele próprio está sempre dentro dela. Por conseguinte, embora [o movimento do dinheiro] seja mera *expressão* da circulação de mercadorias, esta *aparenta* ser resultado da circulação do dinheiro. Como o dinheiro permanece constantemente na esfera da circulação, a questão é *quanto* dinheiro existe nela.

A massa do dinheiro circulante é determinada pela *soma dos preços* das mercadorias (mantendo-se constante o valor do dinheiro) e esta pela *massa de mercadorias* postas em circulação. Considerando-se dada essa massa de mercadorias, a massa de dinheiro circulante oscila com as *oscilações* de preço das mercadorias. Ora, como uma mesma peça monetária serve de meio para uma quantidade de negócios em sequência em dado intervalo de tempo, então

$$\frac{\text{soma dos preços das mercadorias}}{\text{número de cursos da mesma peça monetária}} = \text{massa do dinheiro que funciona como meio de circulação (p. 80 [p. 192]).}$$

É por isso que o dinheiro de papel pode substituir o dinheiro de ouro quando é lançado em uma circulação saturada.

Do mesmo modo que no curso do dinheiro *aparece* o processo de circulação das mercadorias, em sua velocidade aparece o processo de sua mudança de forma e em sua estagnação aparece a dissociação de compra e venda, a estagnação do metabolismo social. Naturalmente a *circulação* não mostra de onde vem essa estagnação; ela mostra apenas o próprio fenômeno. O filisteu a explica para si mesmo pela quantidade insuficiente do meio de circulação (p. 81 [p. 193-4]).

Ergo [logo]:

1) Permanecendo constantes os preços das mercadorias, a massa de dinheiro cresce quando a massa circulante de mercadorias cresce ou o curso do dinheiro desacelera; e diminui no caso inverso.

Mercadoria e dinheiro

2) Quando os preços das mercadorias sobem de maneira geral, a massa de dinheiro circulante permanece a mesma quando a massa de mercadorias diminui ou a velocidade da circulação aumenta na mesma proporção.

3) Quando o preço das mercadorias cai de maneira geral, ocorre o inverso de 2.

De modo geral, resulta daí uma média bastante constante que sofre desvios significativos apenas em caso de crise.

c) A moeda – o signo do valor

O padrão dos preços é estabelecido pelo Estado, do mesmo modo que a denominação de uma peça de ouro específica – a moeda e sua confecção. No mercado mundial, o uniforme nacional é de novo suprimido (abstrai-se aqui da senhoriagem), de modo que moeda e barra só se diferenciam pela forma. – Porém a *moeda se desgasta* em seu curso, o ouro como meio de circulação difere do ouro como padrão dos preços, a moeda vai se tornando mais e mais um *símbolo* de seu conteúdo oficial.

Desse modo é latente a possibilidade de substituição do dinheiro de metal por moedas de outros materiais ou por símbolos. Portanto: 1) peças fracionárias de moedas de cobre ou prata, cuja determinação em relação ao dinheiro real de ouro é impedida por restrição da quantidade em que são *legal tender* [meio legal de pagamento]. Seu conteúdo é determinado de modo puramente arbitrário por lei e, portanto, sua função de moeda torna-se independente de seu *valor*. Daí sua possível evolução para signos *totalmente sem valor*. – 2. *Papel-moeda*, isto é, *dinheiro de papel do Estado de circulação compulsória* (o dinheiro creditício ainda não será tratado aqui). Na medida em que esse papel-moeda realmente circula no lugar do dinheiro de ouro, ele está sujeito às leis da circulação do ouro. Somente na proporção em que o papel substitui o ouro ele pode ser objeto de lei específica, que é esta: limitar a emissão de papel-moeda à quantidade de ouro representado por ele que realmente teria de circular. O nível de saturação da circulação oscila, mas em toda parte constata-se por meio da experiência um [nível] mínimo abaixo do qual ele nunca cai. Esse mínimo pode ser emitido e, quando vai além disso, quando o nível de saturação chega a esse mínimo, uma parte se torna imediatamente excedente. Nesse caso, ainda assim, a quantidade total de papel-moeda representa, dentro do mundo das mercadorias, apenas a quantidade de ouro determinada por suas leis imanentes e, portanto, exclusivamente representável por ela. Portanto, se a massa de papel-moeda for o dobro da massa de ouro absorvida, cada peça de papel-moeda se depreciará à metade do seu valor nominal. Exatamente como se o valor do ouro fosse modificado em sua função de padrão dos preços (p. 89 [p. 200-1]).

Friedrich Engels – Resumo de O capital

C. Dinheiro

a) Entesouramento

Com o primeiro desenvolvimento da circulação das mercadorias, desenvolvem-se a necessidade e a paixão de reter o produto de M-D = o D; de simples mediação do metabolismo, sua mudança de forma converte-se em um fim em si mesma. Dinheiro se petrifica em tesouro, o vendedor de mercadorias se torna entesourador (p. 91 [p. 203-4]).

Essa forma é predominante exatamente nos primórdios da circulação de mercadorias. Ásia. Com a evolução continuada da circulação de mercadorias, todo produtor de mercadorias precisa assegurar o *nervus rerum*, o penhor social. Assim, surgem em toda parte *hoards* [tesouros]. O desenvolvimento da circulação de mercadorias multiplica o poder do dinheiro, a forma de riqueza absolutamente social, sempre pronta para uso (p. 92 [p. 204-5]). O impulso para o entesouramento é desmedido por natureza. Seja qualitativamente, seja segundo sua forma, o dinheiro é desprovido de limites, quer dizer, ele é o representante universal da riqueza material, pois pode ser imediatamente convertido em qualquer mercadoria. Ao mesmo tempo, porém, toda quantia efetiva de dinheiro é quantitativamente limitada, sendo, por isso, apenas um meio de compra de eficácia limitada. Tal contradição entre a limitação quantitativa e a ilimitação qualitativa do dinheiro empurra constantemente o entesourador de volta ao trabalho de Sísifo da acumulação.

Ao lado disso, a acumulação de ouro e prata em *plate* [placa] é, ao mesmo tempo, mercado novo para esses metais e fonte latente de dinheiro.

O entesouramento serve, portanto, de *canal de afluxo e refluxo do dinheiro circulante* nas constantes oscilações do nível de saturação da circulação (p. 95 [p. 207]).

b) Meio de pagamento

Com a consolidação da circulação de mercadorias instauram-se novas relações: a venda da mercadoria pode estar temporalmente separada da realização de seu preço. As mercadorias exigem intervalos de tempo diferenciados para sua produção, são produzidas em diferentes épocas do ano, algumas precisam ser enviadas a mercados distantes etc. Em consequência, A pode ser vendedor antes que o comprador B seja capaz de pagar. – A prática regula, assim, as condições de pagamento: A passa a ser *credor* e B *devedor*, o dinheiro se torna *meio de pagamento*. A relação entre *credor e devedor* vai-se tornando, portanto, *mais antagônica*. (Ela pode ocorrer também independentemente da circulação de mercadorias, por exemplo, na Antiguidade e na Idade Média.) (p. 97 [p. 208-9])

Nessa relação, o dinheiro funciona: 1) como medida de valor na fixação de preços da mercadoria vendida; 2) como meio ideal de compra. No tesouro, D é *retirado* da circulação, aqui, enquanto meio de pagamento, D entra na

Mercadoria e dinheiro

circulação, mas só depois de M ter saído dela. O comprador devedor vende para poder *pagar* ou seus bens são confiscados e vendidos. Portanto, D agora se torna o *fim em si da venda*, e isso em virtude de uma necessidade social que deriva do próprio processo de circulação (p. 97, 98 [p. 209]).

A não simultaneidade de compras e vendas, que gera a função do dinheiro como meio de pagamento, acarreta, concomitantemente, uma economia do meio de circulação, a concentração dos pagamentos em determinado lugar. Os *virements* [transferências] na *Lyon* medieval eram uma espécie de *clearing house* [câmara de compensação], em que só se pagava o saldo devedor das cobranças de parte a parte (p. 98 [p. 210]).

Na medida em que os pagamentos se compensam, o dinheiro funciona apenas idealmente como *moeda de conta* ou medida de valor. Quando se trata de fazer um pagamento efetivo, o dinheiro não se apresenta como meio de circulação, como mera forma evanescente e mediadora do metabolismo, mas como encarnação individual do trabalho social, existência autônoma do valor de troca, *mercadoria absoluta*. Essa *contradição repentina* irrompe no momento da crise de produção e comércio, *conhecida como crise monetária*. Ela ocorre apenas onde a cadeia permanente de pagamentos e o sistema artificial de compensação se encontram plenamente desenvolvidos. Ocorrendo perturbações gerais nesse mecanismo, venham elas de onde vierem, o dinheiro abandona repentina e imediatamente sua figura puramente ideal de *moeda de conta* e *converte-se em dinheiro vivo*. Ele não pode mais ser substituído por mercadorias profanas (p. 99 [p. 210-1]).

O *dinheiro creditício* surge diretamente da função do dinheiro como meio de pagamento, quando os certificados de dívida relativos às mercadorias vendidas circulam para transferir essas dívidas para outrem. Por outro lado, quando o sistema de crédito se expande, o mesmo ocorre com a função do dinheiro como meio de pagamento. Nessa função, ele assume formas próprias de existência nas quais circula à vontade pela esfera das grandes transações comerciais, enquanto as moedas de ouro e prata são relegadas fundamentalmente à esfera do comércio varejista (p. 101 [p. 213]).

Em certo nível e certa escala da produção de mercadorias, a função do dinheiro como meio de pagamento ultrapassa a esfera da circulação de mercadorias e ele *torna-se mercadoria universal dos contratos. Rendas, impostos etc. deixam de ser fornecimentos* in natura *e se tornam pagamentos em dinheiro*. Ver a França sob Luís XIV (Boisguillebert e Vauban), em contraposição à Ásia, Turquia, Japão etc. (p. 102 [p. 213-4]).

O desenvolvimento do dinheiro como meio de pagamento torna necessária a acumulação de dinheiro para a compensação das dívidas nos prazos de vencimento. Assim, se, por um lado, o progresso da sociedade burguesa faz desaparecer o entesouramento como forma autônoma de enriquecimento, ela o faz crescer, por outro lado, na forma de fundos de reserva de meios de pagamento (p. 103 [p. 215]).

Friedrich Engels – Resumo de O capital

c) Dinheiro mundial

No comércio mundial, as formas locais de moeda são descartadas, as moedas divisionárias, o signo do valor, e só a forma em barra do dinheiro é válida como *dinheiro mundial. Somente no mercado mundial o dinheiro funciona plenamente como a mercadoria cuja forma natural é, ao mesmo tempo, a forma imediatamente social de efetivação do trabalho humano* in abstracto. Sua forma de existência torna-se adequada ao seu conceito (p. 104, detalhes na p. 105 [p. 215]).

CAPÍTULO II

A transformação do dinheiro em capital

I. A fórmula geral do capital[1]

A circulação de mercadorias é o ponto de partida do capital, constituindo-se, em consequência, a produção de mercadorias, a circulação de mercadorias e seu desenvolvimento, o comércio, em toda parte, como os pressupostos históricos sob os quais surge o capital. Da criação do comércio e do mercado mundial modernos no século XVI data-se a história moderna do capital (p. 106 [p. 223]).

Consideradas somente as formas econômicas engendradas pela circulação de mercadorias, seu produto final é o dinheiro, que é a *primeira forma de manifestação do capital*. Historicamente o capital se confronta sempre com a propriedade fundiária como *riqueza monetária*, como capital comercial ou capital usurário e, ainda hoje, todo novo capital entra em cena na forma de *dinheiro*, que deve ser transformado em capital mediante processos bem determinados.

O dinheiro como dinheiro e o dinheiro como capital se diferenciam, primeiramente, apenas por sua distinta *forma de circulação*. Ao lado de M-D-M ocorre também a forma D-M-D, comprar para vender. O dinheiro, cujo movimento percorre essa forma de circulação, torna-se capital, já é capital em si (isto é, de acordo com sua destinação).

O resultado de D-M-D é D-D, troca indireta de dinheiro por dinheiro. Compro algodão por 100 libras esterlinas e vendo-o por 110 libras esterlinas, trocando, ao final, 100 libras esterlinas por 110 libras esterlinas, dinheiro por dinheiro.

Se o resultado obtido por meio desse processo fosse o mesmo valor de dinheiro originalmente lançado nele, ou seja, tirar 100 libras esterlinas de 100 libras esterlinas, o processo seria absurdo. Porém, independentemente de o negociante transformar suas 100 libras esterlinas em 100 libras esterlinas, em 110 libras esterlinas ou em apenas 50 libras esterlinas, seu dinheiro, ainda

---

[1] Ibidem, p. 161-70 [ed. bras.: *O capital*, cit., p. 223-31. (N. E. A.)

Friedrich Engels – Resumo de O capital

assim, percorreu um movimento peculiar, totalmente diferente daquele da circulação de mercadorias M-D-M. Da análise das diferenças de forma desse movimento em relação a M-D-M resultará também a diferença de conteúdo.

As duas fases do processo são, cada uma delas, as mesmas que em M-D-M. Porém, no percurso total, há uma grande diferença. Em M-D-M, o dinheiro constitui o meio, a mercadoria constitui o ponto de partida e o ponto de chegada; M é o meio, D é o ponto de partida e o ponto de chegada. Em M--D-M, o dinheiro é gasto definitivamente, enquanto, em D-M-D, ele é apenas *adiantado* para ser recuperado. *Ele reflui para o seu ponto de partida* – já temos aqui, portanto, uma diferença sensivelmente perceptível entre circulação de dinheiro como dinheiro e a de dinheiro como capital.

Em M-D-M, o dinheiro só pode refluir para o seu ponto de partida mediante a *repetição de todo o processo*, mediante a venda de mercadorias *novas*; portanto, o refluxo é independente do próprio processo. Em D-M-D, pelo contrário, ele está condicionado de antemão pela estruturação do processo, que fica incompleto, caso não seja bem-sucedido (p. 110 [p. 225-6]).

A finalidade de M-D-M é o valor de uso, a de D-M-D é *o próprio valor de troca*.

Em M-D-M, os dois extremos têm a mesma determinidade econômica formal. Ambos são *mercadorias de igual grandeza de valor*. Mas são ao mesmo tempo valores de uso qualitativamente distintos e o conteúdo do processo é o metabolismo social. – Em D-M-D, à primeira vista a operação parece tautológica, sem conteúdo. Parece absurdo trocar 100 libras esterlinas por 100 libras esterlinas e, ainda por cima, por meio de um desvio. Uma soma de dinheiro só pode se diferenciar de outra por sua *grandeza*; por conseguinte, D-M-D adquire seu conteúdo apenas pela *diferença quantitativa* dos extremos. Extrai--se da circulação mais dinheiro do que se lançou nela. O algodão comprado por 100 libras esterlinas é vendido, por exemplo, por 100 libras esterlinas + 10 libras esterlinas; o processo passa a ser expresso, portanto, pela fórmula D-M-D′, sendo D′ = D + ΔD. Esse ΔD, *esse incremento*, é **mais-valor**. O valor originalmente adiantado não só se *mantém* na circulação, mas adiciona a si mesmo um mais-valor, *valoriza-se*, e *é esse movimento que* **transforma dinheiro em capital**.

Em M-D-M, pode haver uma diferença de valor dos extremos, mas esta é puramente acidental nessa forma de circulação, e M-D-M não se torna absurda quando os extremos têm o mesmo valor – pelo contrário, isso é uma condição do curso normal.

A repetição de M-D-M encontra medida e meta em um fim último situado fora dela mesma, o consumo, a satisfação de determinadas necessidades. Em D-M-D, em contraposição, início e fim são o mesmo, dinheiro, e, desse modo, o movimento já é interminável. D + ΔD de fato é uma quantidade distinta de D, mas, ainda assim, meramente uma soma *limitada* de dinheiro; se fosse despendida, deixaria de ser capital; se fosse retirada da circulação, ficaria

A transformação do dinheiro em capital

estacionária, como tesouro. Uma vez dada a necessidade de valorização do valor, ela existe tanto para D' quanto para D, e o movimento do capital é desmedido, porque, no fim do processo, sua meta ainda está por ser alcançada tanto quanto no início (p. 111-3 [p. 226-8]). Como portador desse processo, o possuidor de dinheiro se torna *capitalista* [p. 229].

Enquanto na circulação de mercadorias o valor de troca amadurece no máximo até uma forma independente do valor de uso da mercadoria, *aqui, de repente, ele se apresenta como uma substância em processo, que se move por si mesma, da qual mercadoria e dinheiro são meras formas. De fato, ele se diferencia de seu valor original enquanto mais-valor.* Ele se torna dinheiro em processo e, como tal, capital (p. 116 [p. 230-1]).

D-M-D' parece ser a forma própria apenas do capital comercial. Mas também o capital industrial é dinheiro que se converte em mercadoria e, por meio de sua venda, reconverte-se em mais dinheiro. Ações *que ocorrem, por exemplo, entre compra e venda, fora da esfera da circulação,* nada mudam nesse fato. Por fim, no capital a juros, o processo se apresenta sem a mediação, como D-D', valor que é maior do que ele mesmo (p. 117 [p. 231]).

II. Contradições da fórmula geral[2]

A forma de circulação pela qual o dinheiro se converte em capital contradiz todas as leis estabelecidas até agora sobre a natureza da mercadoria, do valor, do dinheiro e da própria circulação. A diferença puramente formal da sequência inversa pode ter esse efeito?

E mais. Essa inversão existe apenas para uma das três pessoas negociantes. Na condição de capitalista, compro mercadoria de A e a revendo para B; A e B atuam apenas como simples comprador e vendedor de mercadorias. Em cada um dos dois casos, confronto-me com eles apenas como simples possuidor de dinheiro ou possuidor de mercadorias, com um como comprador ou como dinheiro, com o outro como vendedor ou como mercadoria, mas com nenhum deles como capitalista ou como representante de algo que é mais do que dinheiro ou mais do que mercadoria. Para A, o negócio começou com uma *venda*; para B, terminou com uma *compra* e, portanto, inteiramente como na circulação de mercadorias. Ademais, se estabeleço o direito ao mais-valor na sequência inversa, A poderia vender *diretamente* a B e, assim, excluiria a chance de obter mais-valor.

Supondo que A e B comprem mercadorias diretamente um do outro. No que se refere ao *valor de uso, ambos* podem ganhar, A até poderia produzir mais de sua mercadoria do que B seria capaz de produzir no mesmo tempo

---

2 Ibidem, p. 170-81 [ed. bras.: *O capital*, cit., p. 231-41]. (N. E. A.)

Friedrich Engels – Resumo de O capital

e vice-versa, e com isso ambos voltariam a ganhar. Porém, com *o valor de troca* é diferente. Nesse caso, *grandezas iguais de valor* são trocadas uma pela outra, mesmo que o dinheiro seja interposto como meio de circulação (p. 119 [p. 231-3]).

Considerado abstratamente, o que ocorre na troca – além da substituição de um valor de uso por outro – é mera *mudança de forma* da mercadoria. Assim, a circulação da mercadoria, na medida em que condiciona tão somente uma mudança formal de seu valor de troca, condiciona, quando o fenômeno ocorre de maneira *pura*, a *troca de equivalentes*. As mercadorias podem até ser vendidas por preços que divergem de seus valores, mas só quando é violada a lei da troca de mercadorias. Em sua forma pura, trata-se de uma troca de equivalentes e, portanto, não de um meio para enriquecer (p. 120 [p. 233-4]).

Daí o equívoco de todas as tentativas de derivar o mais-valor da circulação de mercadorias. Condillac (p. 121 [p. 234-5]), Newman (p. 122 [p. 235-6]).

Suponhamos que a troca não aconteça de forma pura, *que não equivalentes sejam trocados*. Suponhamos que todo vendedor venda suas mercadorias por 10% acima do valor. Dá tudo no mesmo, pois o que cada qual ganha como vendedor volta a perder como comprador. Exatamente como se o valor do dinheiro tivesse se modificado em 10%. – O mesmo sucederia se os *compradores* comprassem tudo por 10% abaixo do valor (Torrens) (p. 123 [p. 236-7]).

A presunção de que o mais-valor surge de uma majoração dos preços pressupõe que haja uma classe *que compra sem vender*, isto é, que **consome sem produzir**, para a qual flui constantemente dinheiro *de graça*. Vender mercadorias acima do valor a essa classe significa apenas reaver por ludíbrio uma parte do dinheiro dado de graça (Ásia Menor e Roma). Mas nesses casos, ainda assim, o ludibriado é sempre o vendedor, que não consegue enriquecer nem formar mais-valor desse modo.

Tomemos o caso do **ludíbrio**. A vende vinho para B no valor de 40 libras esterlinas contra cereal no valor de 50 libras esterlinas. A ganhou 10 libras esterlinas. Porém, ainda assim, A + B possuem juntos apenas 90 libras esterlinas: A possui 50 e B apenas 40. Foi transferido um valor, mas ele não foi *criado*. A totalidade da classe capitalista de um país não pode tirar vantagem de si mesma (p. 126 [p. 238]).

Portanto, se equivalentes são trocados, não surge mais-valor e, se não equivalentes são trocados, também não surge mais-valor. A circulação de mercadorias não cria novo valor.

Em consequência, as formas mais antigas e mais populares do capital, o capital comercial e o capital usurário, não são levadas em conta aqui. Caso não se queira explicar a valorização do capital comercial com a simples *trapaça*, será preciso levar em conta muitos elos intermediários, ainda ausentes aqui. Tanto mais no caso do capital usurário e a juros. Mais adiante, demonstraremos que ambos são formas derivadas e também por que elas aparecem historicamente *antes* do capital moderno.

A transformação do dinheiro em capital

Portanto, o mais-valor não pode originar-se da circulação. E fora dela? Fora dela, o possuidor de mercadorias é simples produtor de sua mercadoria, cujo valor depende da quantidade de trabalho próprio nela contida, medida segundo uma determinada lei social; esse valor é expresso em moeda de conta, como, por exemplo, em preço de 10 libras esterlinas. Mas esse valor não é concomitantemente igual a um valor de 11 libras esterlinas; seu trabalho cria valores, mas não valores que valorizam a si mesmos. Ele pode até adicionar mais valor ao valor existente, mas isso acontece só mediante adição de *mais--trabalho*. Portanto, *fora da esfera da circulação*, o produtor de mercadorias *não consegue produzir mais-valor* sem entrar em contato com outros possuidores de mercadorias.

Em consequência, o capital deve se originar **dentro** da circulação de mercadorias e, ao mesmo tempo, **fora** dela (p. 128 [p. 240]).

Portanto: a transformação do dinheiro em capital precisa ser desenvolvida sobre a base das leis imanentes à troca de mercadorias, de modo que a troca de equivalentes seja tida como ponto de partida. Nosso possuidor de dinheiro, que ainda é apenas um capitalista em estado larval, tem de comprar as mercadorias por seu valor, vendê-las por seu valor e, ainda assim, ao final do processo, extrair mais valor do que lançou nele. Sua transformação de larva em borboleta tem de se dar na esfera da circulação e não pode dar-se na esfera da circulação. Essas são as condições do problema. *Hic Rhodus, hic salta!*[3] (p. 129 [p. 240-1]).

III. Compra e venda da força de trabalho[4]

A mudança de valor do dinheiro destinado a se transformar em capital não pode ocorrer no próprio dinheiro, dado que na compra ele só realiza o preço da mercadoria, e, em contrapartida, *enquanto permanece dinheiro*, não muda sua grandeza de valor, e na venda só transforma a mercadoria de sua forma natural em sua forma monetária. Portanto, a mudança deve ocorrer na *mercadoria* do D-M-D, não em seu *valor de troca*, dado que são trocados equivalentes, mas ela só pode originar-se de seu *valor de uso como tal*, isto é, de seu *consumo*. Para isso requer-se uma mercadoria *cujo valor de uso tem a propriedade de ser fonte de valor de troca* – e ela existe: **a força de trabalho** (p. 130 [p. 241-2]).

Porém, para que o possuidor do dinheiro encontre a força de trabalho como *mercadoria* no mercado, ela tem de ser vendida pelo seu possuidor e, portanto, ser força de trabalho **livre**. Dado que ambos, comprador e vende-

---

[3] Fábula de Esopo na qual um fanfarrão afirma ter dado certa vez um enorme salto em Rodes. Disseram-lhe: "Rodes é aqui, salta aqui!". (N. E. A.)

[4] Ver *Marx-Engels Werke*, v. 23, cit., p. 181-91 [ed. bras.: *O capital*, cit., p. 241-51]. (N. E. A.)

Friedrich Engels – Resumo de O capital

dor, são pessoas *juridicamente iguais* na condição de contratantes, a força de trabalho só pode ser vendida *temporariamente*, pois, na venda *en bloc* [total], o vendedor não permanece vendedor, mas torna-se ele próprio mercadoria. Nesse caso, porém, o possuidor, em vez de poder vender *mercadorias*, nas quais seu trabalho é objetivado, deve estar na situação de ter de vender **a própria força de trabalho como mercadoria** (p. 131 [p. 242-3]).

Para transformar dinheiro em capital, o possuidor de dinheiro tem, portanto, de encontrar no mercado de mercadorias o trabalhador *livre*, e livre em dois sentidos: ser uma pessoa livre que dispõe de sua força de trabalho como *sua* mercadoria e, em contrapartida, ser alguém que não tem *outra* mercadoria para vender, livre e solto, carecendo absolutamente de todas as *coisas* necessárias à realização de sua força de trabalho (p. 132 [p. 244]).

De passagem seja dito que a relação entre possuidor de dinheiro e possuidor de força de trabalho não é uma relação natural nem uma relação social comum a todas as épocas, mas uma relação histórica, produto de muitas revoluções econômicas. Assim sendo, as categorias econômicas analisadas até aqui têm um cunho histórico. Para se tornar mercadoria, o produto não pode continuar sendo produzido como meio de subsistência imediato. A massa dos produtos só pode assumir a forma de mercadoria no interior de *um modo de produção bem determinado, o capitalista*, embora a produção de mercadorias e a circulação já possam ter lugar onde a massa de produtos jamais se torna mercadoria. O dinheiro *ditto* [da mesma forma] pode existir em todos os períodos que alcançaram certo grau de circulação de mercadorias; as formas monetárias específicas, do simples equivalente até o dinheiro mundial, pressupõem diferentes estágios de desenvolvimento; apesar disso, uma circulação de mercadorias pouco desenvolvida pode produzir todas elas. O *capital*, em contraposição, só surge sob a condição acima [isto é, a venda da força de trabalho], e essa condição compreende uma história mundial (p. 133 [p. 244-5]).

A força de trabalho possui um valor de troca que é determinado como o de todas as outras mercadorias: pelo tempo de trabalho necessário à sua produção e, portanto, também reprodução. O valor da força de trabalho é o valor dos meios de subsistência necessários à manutenção do seu possuidor, mais precisamente à manutenção de sua capacidade normal de trabalho. Esta muda conforme o *clima*, as *condições naturais* etc., bem como o *standard of life* [padrão de vida] historicamente dado em cada país. Essas condições variam, mas estão *dadas* para determinado país e determinada época. Ademais, [o valor da força de trabalho] abrange os meios de subsistência dos *substitutos*, isto é, das *crianças*, de modo que se perpetue a *race* [raça] desses peculiares possuidores de mercadorias. Além disso, no caso do trabalho qualificado, estão incluídos os custos de *formação* (p. 135 [p. 246-7]).

O limite mínimo do valor da força de trabalho é o valor dos *meios de subsistência fisicamente indispensáveis*. Quando se reduz a esse mínimo, o

A transformação do dinheiro em capital

preço da força de trabalho cai abaixo do seu valor, já que este pressupõe a qualidade *normal* da força de trabalho, não a força de trabalho precarizada (p. 136 [p. 247]).

A natureza do trabalho implica que a força de trabalho seja consumida somente *depois* de firmado um contrato e, como, no caso de tais mercadorias, o *meio de pagamento* é em geral o dinheiro, em todos os países sob o modo de produção capitalista, ela só é paga depois de *realizada*. Portanto, em toda parte, *o trabalhador dá um crédito ao capitalista* (p. 137, 138 [p. 248-9]).

O processo de consumo da força de trabalho é simultaneamente *o processo de produção de mercadoria e de mais-valor*, e esse consumo acontece fora da esfera da circulação (p. 140 [p. 250]).

CAPÍTULO III

Produção do mais-valor absoluto

I. Processo de trabalho e processo de valorização[1]

O comprador da força de trabalho a consome, fazendo o vendedor trabalhar. Para representar uma mercadoria, esse trabalho representa primeiro valores de uso e, nessa propriedade, ele é independente da relação específica entre capitalista e trabalhador. Ver a descrição do processo de trabalho como tal (p. 141-9 [p. 255-63]).

O processo de trabalho sobre a base capitalista possui duas peculiaridades: 1) o trabalhador trabalha sob o controle do capitalista; 2) o produto é propriedade do capitalista, dado que o processo de trabalho se limita a ser um processo entre duas *coisas* compradas pelo capitalista: entre a força de trabalho e os meios de produção (p. 150 [p. 262-3]).

Porém, o capitalista não quer que o valor de uso seja produzido *por si só*, mas como suporte do valor de troca e, especificamente, do *mais-valor*. O trabalho nessa condição – em que a mercadoria é unidade de valor de uso e de valor de troca – transforma-se em *unidade de processo de produção e processo de valorização* (p. 151 [p. 263]).

Logo, é preciso examinar a quantidade de trabalho objetivada no produto.

Por exemplo, o fio de tecido. Digamos que para sua confecção sejam necessárias 10 libras algodão, isto é, 10 xelins, e, para os meios de trabalho, seu necessário desgaste devido à fiação, aqui abreviado como a parcela do fuso, estão representados 2 xelins de fuso. Assim, no produto estão embutidos 12 xelins referentes aos meios de produção, isto é, assim que o produto 1) tiver se tornado *um valor de uso efetivo*, nesse caso o fio, e 2) desde que só o tempo de trabalho socialmente necessário esteja representado nesses meios de trabalho. Quanto lhe é adicionado pelo trabalho de fiação?

Portanto, aqui o processo de trabalho é observado de um ângulo diferente. No valor do produto, portanto, o trabalho de plantio do algodão, o de fabricar o fuso e o de fiar etc. devem ser diferenciados apenas quantitativamente como

---

[1] Ibidem, p. 192-213 [ed. bras.: *O capital*, cit., p. 255-75]. (N. E. A.)

Friedrich Engels – Resumo de O capital

partes comensuráveis – qualitativamente equiparados como trabalho *criador de valor* necessário em termos universalmente humanos – e, justamente por isso, *quantitativamente comparáveis* pela duração no tempo. Pressupondo que se trate de tempo de trabalho *socialmente necessário*, pois só ele é criador de valor.

Dado que o valor diário da força de trabalho = 3 xelins, que este representa 6 horas de trabalho e que $1^2/_3$ libras de fio são confeccionadas por hora, logo, em 6 horas, 10 libras de fio [são confeccionadas] a partir de 10 libras de algodão (como acima), então um valor de 3 xelins foi adicionado em 6 horas e o produto vale 15 xelins (10 xelins + 2 xelins + 3 xelins) ou 1 xelim e 6 *pence* por libra de fio.

Mas isso não gera nenhum mais-valor, o que não serve aos capitalistas. (Baboseiras da economia vulgar (p. 157 [p. 268]).)

Presumimos que o valor diário da força de trabalho tenha perfeito 3 xelins, porque nele foi objetivada ½ jornada de trabalho ou 6 horas. *Porém o fato de ½ dia de trabalho ser necessário para manter o trabalhador durante 24 horas não o impede de modo nenhum de trabalhar* $^1/_1$ *dia*. O valor da força de trabalho e sua *valorização* são duas grandezas diferentes. Sua qualidade *útil* foi apenas uma *conditio sine qua non* [condição indispensável], mas o decisivo foi o valor de uso específico da força de trabalho, o de ser *fonte de mais valor de troca do que ela própria possui* (p. 159 [p. 270]).

Portanto, o trabalhador trabalha 12 horas, fia 20 libras de algodão = 20 xelins, mais 4 xelins de fuso e seu trabalho custa 3 xelins = 27 xelins. Porém, no produto foram objetivadas 4 jornadas de trabalho de fusos e algodão e 1 jornada de trabalho do fiandeiro = 5 dias a 6 xelins = *30 xelins como valor do produto. Surge um mais-valor de 3 xelins: dinheiro foi transformado em capital* (p. 160 [p. 271]). Todas as condições do problema foram cumpridas. (Detalhes na p. 160 [p. 271-2]).)

O *processo de valorização* é o processo de trabalho como processo de formação de valor, assim que ele é *prolongado além* do ponto em que fornece um *equivalente* simples para o valor pago da força de trabalho.

O processo de formação de valor se diferencia do processo simples de trabalho pelo fato de este ser considerado do ponto de vista *qualitativo* e aquele do ponto de vista *quantitativo*, e isto só na medida em que contém tempo de trabalho socialmente necessário (p. 161 [p. 272]). (Detalhe, p. 162 [p. 272-3]).

Como unidade de processo de trabalho e *processo de formação de valor*, o processo de produção constitui *produção de mercadorias*; como unidade de processo de trabalho e *processo de valorização*, ele é *processo capitalista de produção de mercadorias* (p. 163 [p. 273]).

Redução do trabalho complexo a trabalho simples (p. 163-5 [p. 274-5]).

Produção do mais-valor absoluto

II. Capital constante e capital variável[2]

O processo de trabalho adiciona *novo* valor ao objeto de trabalho, mas, ao mesmo tempo, *transfere* o valor do objeto de trabalho para o produto, conservando-o, portanto, mediante simples adição de valor novo. Desse modo, é atingido o duplo resultado; o *caráter qualitativo, especificamente útil do trabalho,* transforma um valor de uso em outro valor de uso e, por essa via, *conserva* o valor; mas o *caráter quantitativo abstratamente universal, criador de valor,* do trabalho *adiciona* valor (p. 166 [p. 277-8]).

Por exemplo, a produtividade da fiação sextuplicou-se. Como trabalho *útil* (qualitativo), o trabalho *conserva,* no mesmo período de tempo, seis vezes mais meios de trabalho. Porém adiciona apenas a mesma quantidade de valor *novo* que antes, isto é, em cada libra de fio está contido apenas $\frac{1}{6}$ do novo valor adicionado anteriormente. Como trabalho *criador de valor,* o trabalho não rende mais do que antes (p. 167 [p. 278-9]). Ocorre o inverso quando a produtividade da fiação permanece igual, mas o valor do meio de trabalho aumenta (p. 168 [p. 279]).

O meio de trabalho só cede ao produto *o valor que ele próprio perde* (p. 169 [p. 280]). Isso ocorre em graus diferentes. Carvão, lubrificantes etc. são integralmente gastos. As matérias-primas assumem uma nova forma. Instrumentos, máquinas etc. perdem valor de maneira muito lenta e parcial, e o desgaste é calculado com base na experiência (p. 169, 170 [p. 280-1]). Nesse caso, o instrumento permanece *inteiro* no processo de trabalho. Aqui, portanto, o mesmo instrumento conta *integralmente no processo de trabalho* e apenas parcialmente no *processo de valorização,* de modo que a diferença entre os dois processos se reflete, nesse ponto, em fatores objetais (p. 171 [p. 281-2]). Inversamente, a matéria-prima, que produz detritos, ingressa integralmente no processo de valorização e no processo de trabalho, dado que ela aparece no produto, descontado o detrito (p. 171 [p. 282-3]).

Porém, em nenhum caso, o meio de trabalho pode transferir *mais* valor de troca do que ele próprio possuía – no processo de trabalho, ele serve apenas de valor de uso e, por conseguinte, só pode transferir o valor de troca que ele já possuía (p. 172 [p. 283]).

Essa conservação de valor é de grande valia para o capitalista, não lhe custa nada (p. 173, 174 [p. 284-5]).

Entretanto, o valor conservado *só reaparece,* pois já existia antes; e só o processo de trabalho *adiciona valor novo,* mais precisamente, na produção capitalista, adiciona *mais-valor, excedente do valor do produto, além do valor dos formadores do produto consumidos* (os meios de produção e a força de trabalho) (p. 175, 176 [p. 285-6]).

---

2   Ibidem, p. 214-25 [ed. bras.: *O capital,* cit., p. 277-87]. (N. E. A.)

Friedrich Engels – Resumo de O capital

Desse modo, são descritas as formas de existência que o valor original do capital assume quando se despe da forma-dinheiro e se transforma nos fatores do processo do trabalho: 1) em aquisição de *meios de trabalho* e 2) em aquisição de *força de trabalho*.

Portanto, o capital investido em meios de trabalho não modifica a sua grandeza de valor no processo de produção; nós o denominamos *capital constante*.

A parte investida em força de trabalho *modifica* seu valor, produzindo: 1) o *próprio* valor e 2) o *mais-valor – é capital variável* (p. 176 [p. 286]).

(O capital é *constante* só em relação ao processo de produção específico no qual ele não varia, podendo consistir ora em mais, ora em menos meios de trabalho, e o valor dos meios de trabalho comprados pode aumentar ou diminuir, mas isso não afeta sua relação com o processo de produção (p. 177 [p. 287]). A porcentagem em que um capital se subdivide em constante e variável pode variar igualmente, mas, em cada caso dado, o c permanece constante e o v variável (p. 178 [p. 288]).

III. A taxa do mais-valor[3]

$C = £500 = \overset{c}{410} + \overset{v}{90}$. No fim do processo de trabalho, no qual v é convertido em força de trabalho, resulta $\overset{c}{410} + \overset{v}{90} + \overset{m}{90} = 590$. Consideremos que c consiste em 312 em matérias-primas + 44 em matérias auxiliares + 54 em desgaste de máquinas = 410. E o valor de *toda* a maquinaria seria de 1.054. Se esse valor fosse incluído *inteiro* no cálculo, c consistiria em 1.410 em ambos os lados, e o mais-valor continuaria sendo 90 (p. 179 [p. 289]).

Como o valor de c apenas *reaparece* no produto, o *valor do produto* conservado é distinto do *produto de valor* conservado no processo, não sendo este, portanto, = c + v + m, mas = v + m. Portanto, para o processo de valorização, a grandeza de c é indiferente, isto é, $c = 0$ (p. 180 [p. 290]). Isso também acontece na prática, assim que se abstrai do modo negocista de calcular, por exemplo, no cômputo do lucro que um país extrai com sua indústria, do qual é subtraída a matéria-prima importada (p. 181 [p. 291]). Sobre a relação entre o mais-valor e o capital total será dito o necessário no Livro III.

Portanto: taxa do mais-valor = m : v, acima 90 : 90 = 100%.

O tempo de trabalho no qual o trabalhador reproduz o valor de sua força de trabalho – em relações capitalistas ou outras – é trabalho *necessário*, ao passo que o trabalho que vai além disso, o trabalho que gera mais-valor para o capitalista, é *mais-trabalho*. Mais-valor é mais-trabalho coagulado e o que difere nas distintas formações sociais é tão somente a forma de extraí-lo (p. 183, 184 [p. 293]).

---

[3] Ibidem, p. 226-44 [ed. bras.: *O capital*, cit., p. 289-302]. (N. E. A.)

Produção do mais-valor absoluto

Exemplo de incorreção no cálculo que inclui *c*. (*Senior*.) (p. 185-96 [p. 294-303]).

A soma do trabalho necessário e do mais-trabalho = a *jornada de trabalho* [p. 304].

IV. A jornada de trabalho[4]

O tempo de trabalho *necessário* está *dado*. O *mais*-trabalho é *variável*, ainda que dentro de certos limites. Ele nunca pode ser = 0, senão cessa a produção capitalista. Ele nunca pode chegar a 24 horas por razões físicas e, ademais, o limite máximo é sempre influenciado por razões morais. Mas esses limites são muito elásticos. – A exigência econômica é que a jornada de trabalho não seja mais longa do que a que provoca um desgaste normal do trabalhador. Mas o que é *normal*? Há aqui uma antinomia e só a força pode decidir. Daí a luta entre a classe trabalhadora e a classe capitalista em torno da *jornada normal de trabalho* (p. 198-202 [p. 305-9]).

O mais-trabalho em épocas sociais anteriores. Enquanto o valor de troca não se tornou mais importante do que o valor de uso, o mais-trabalho foi mais ameno, por exemplo, entre os antigos; só onde foi produzido diretamente o valor de troca – ouro e prata – houve terrivelmente mais-trabalho (p. 203 [p. 309-10]). *Ditto* nos estados escravistas dos Estados Unidos da América até a produção em massa de algodão para a exportação. *Ditto* a corveia, por exemplo, na Romênia.

A corveia é o melhor meio de comparação com a exploração capitalista, porque fixa e patenteia o mais-trabalho como tempo de trabalho a ser realizado em separado. *Règlement organique*[5] da Valáquia (p. 204-6 [p. 310-3]).

Do mesmo modo que este foi uma expressão positiva da avidez por mais--trabalho, as *Factory Acts* [leis fabris] inglesas são sua expressão negativa.

---

[4]   Ibidem, p. 245-320 [ed. bras.: *O capital*, cit., p. 305-73]. (N. E. A.)

[5]   *Règlement organique* de 1831: nome da primeira Constituição dos principados do Danúbio (Moldávia e Valáquia), ocupados pelas tropas russas em consequência do Tratado de Adrianópolis, de 14 de setembro de 1829, que pôs fim à Guerra Russo--Turca de 1828-1829. De acordo com o *Règlement*, elaborado por D. P. Kisselev, chefe da administração desses principados, o poder legislativo em cada principado cabia à assembleia eleita pelos proprietários fundiários, e o poder executivo foi transferido aos hospodares eleitos vitaliciamente pelos representantes dos proprietários fundiários, do clero e das municipalidades. A antiga ordem feudal, inclusive a corveia, foi mantida e o poder político ficou concentrado nas mãos dos proprietários. Ao mesmo tempo, o *Règlement* introduziu uma série de reformas pró-burguesas: as barreiras alfandegárias internas foram abolidas e passou a vigorar o livre câmbio; os tribunais foram separados da administração; os camponeses podiam trocar de senhor; e a tortura foi abolida. O *Règlement organique* foi suprimido durante a Revolução de 1848. (N. E. A.)

Friedrich Engels – Resumo de O capital

As *Factory Acts*. A de 1850 (p. 207 [p. 313-4]). 10½ horas e 7½ no sábado = 60 horas semanais. Lucro dos fabricantes mediante subterfúgios (p. 208-11 [p. 314-7]).

Exploração em ramos industriais *sem limites* ou limitados apenas tardiamente: *indústria de rendas* (p. 212 [p. 317-8]), *poteries* [*olarias*] (p. 213 [p. 318-20]), *fábrica de palitos de fósforo* (p. 215 [p. 320]), *papéis de parede* (p. 215-7 [p. 320-2]), *padarias* (p. 217-22 [p. 322-6]), *ferroviários* (p. 223 [p. 326]), *costureiras* (p. 223-5 [p. 327-9]), *ferreiros* (p. 226 [p. 329]), *trabalhadores por turno diurno e noturno: a) metalurgia e indústria de metais* (p. 227-36 [p. 329-36]).

Esses fatos demonstram que o capital encara o trabalhador exclusivamente como força de trabalho, e todo o seu tempo é considerado tempo de trabalho, de toda maneira momentaneamente possível, e que a duração de vida da força de trabalho não importa ao capitalista (p. 236-8 [p. 337-8]). Mas isso não atenta contra o próprio interesse do capitalista? Como se dá a substituição dos que rapidamente se desgastam? – O comércio de escravos organizado no interior dos Estados Unidos alçou a princípio econômico o rápido desgaste dos escravos, do mesmo modo que o recrutamento de trabalhadores dos distritos rurais na Europa etc. (p. 239 [p. 338-40]). *Poorhouse supply* [força de trabalho fornecida por instituições de apoio aos pobres] (p. 240 [p. 340]). O capitalista vê apenas a superpopulação sempre disponível e a desgasta. E se a *race* perecer – *après lui le déluge* [depois dele o dilúvio]. "*O capital não tem, por isso, a mínima consideração pela saúde e duração de vida do trabalhador, a menos que seja forçado pela sociedade a ter essa consideração.* [...] *e a livre concorrência impõe ao capitalista individual, como leis eternas inexoráveis, as leis imanentes da produção capitalista*" (p. 243 [p. 342]).

A fixação da *jornada normal de trabalho é resultado de uma luta de muitos séculos entre capitalista e trabalhador.*

No início, as leis foram feitas para *prolongar* o tempo de trabalho, agora são feitas para encurtá-lo (p. 244 [p. 343]). O primeiro *Statute of Labourers* [Estatuto dos Trabalhadores] (23 Eduardo III, de 1349) [foi introduzido] sob a alegação de que a peste dizimava a população de tal maneira que todos deveriam trabalhar mais. Em consequência, foram fixados legalmente o máximo de salário e o limite da jornada de trabalho. Em 1496, sob Henrique VII, a jornada de trabalho dos trabalhadores agrícolas e de todos os artífices (*artificers*) foi fixada no verão – março a setembro – das 5 horas da manhã até as 7 ou as 8 horas da noite, com 1 hora, 1½ hora e ½ hora = 3 horas de intervalo. No inverno, das 5 horas da manhã até o escurecer. Esse estatuto nunca foi rigorosamente cumprido. – No século XVIII, o trabalho semanal ainda não estava *todo* à disposição do capital (salvo os trabalhadores agrícolas). Ver a polêmica da época (p. 248-51 [p. 346-9]). Isso (e mais ainda) só foi obtido com a grande indústria; ela derrubou *todas* as barreiras e explorou o trabalhador da maneira mais descarada. O proletariado passou a resistir assim que recobrou o senso. As cinco leis de 1802-1833 foram aprovadas apenas para

Produção do mais-valor absoluto

constar, visto que não havia inspetores. A lei fabril de 1833 foi a primeira a criar, nas quatro indústrias têxteis, uma jornada de trabalho normal: das 5h30 da manhã às 8h30 da noite, durante a qual *young persons* [jovens], de treze a dezoito anos de idade, só podiam ser empregados durante 12 horas no sistema de turnos e com 1½ de intervalo. Crianças de nove a treze anos de idade, apenas 8 horas, e proibiu-se o trabalho noturno das crianças e dos *young persons* (p. 253-5 [p. 350-1]).

Relais system [sistema de revezamento] e seu abuso para burlar a lei (p. 256 [p. 351]). Por fim, pela lei fabril de 1844, que iguala as *mulheres de todas as idades* aos *young persons*, as crianças tiveram a jornada fixada em 6½ horas; o *relais system* foi disciplinado. Em contrapartida, o trabalho de *crianças de oito anos de idade* foi permitido. – Em 1847, finalmente a *Lei das 10 Horas* foi instituída para as mulheres e os *young persons* (p. 259 [p. 354-5]). Tentativas contrárias dos capitalistas (p. 260-8 [p. 355-64]). Uma *flaw* [falha] na lei de 1847 ocasionou, então, a lei de compromisso de 1850 (p. 269 [p. 364]), que fixou a jornada de trabalho dos *young persons* e das *women* em 5 dias de 10½ horas e 1 dia de 7½ horas = 60 horas por semana, mais precisamente das *6 horas da manhã às 6 horas da tarde*. De resto, vigorava a lei de 1847 para as crianças. – A exceção era a indústria da seda (ver p. 270 [p. 364-5]). – Em 1853, também foi limitado o tempo de trabalho *das crianças* das 6 horas da manhã às 6 horas da tarde (p. 272 [p. 366]).

A *Printworks Act* [Lei das Estamparias] de 1845 não limita quase nada. Crianças e mulheres podem trabalhar dezesseis horas!

[Foram submetidas à lei fabril de 1850] as branquearias e tinturarias em 1860, fábricas de rendas e meias em 1861, olarias e muitos outros ramos em 1863 (sob a lei fabril foram aprovadas, no mesmo ano, leis específicas para branquearias ao ar livre e padarias) (p. 274 [p. 368-9]).

Portanto, a grande indústria foi a primeira a criar a necessidade da limitação do tempo de trabalho, mas depois se descobriu que o mesmo sobretrabalho se havia apoderado gradativamente dos demais ramos industriais (p. 277 [p. 369-70]).

Além disso, a história mostra que, especialmente com a introdução do trabalho feminino e infantil, o trabalhador "livre" *individual* se torna impotente diante do capitalista e sucumbe, de modo que, a partir daí, se desenrola a luta de classes entre trabalhadores e capitalistas (p. 277 [p. 370-1]).

Na França, só em 1848 foi aprovada a Lei das 12 Horas para todas as idades e ramos de trabalho. (Ver, contudo, na p. 253 [p. 350], a nota sobre a lei francesa de 1841 relativa ao trabalho infantil, que só viria a ser realmente cumprida em 1853 e só no *Département du Nord* [Departamento do Norte].) Na Bélgica, completa "liberdade do trabalho"! Nos Estados Unidos da América, o movimento pelas oito horas (p. 279 [p. 371-3]).

Portanto, o trabalhador sai do processo de produção de modo bem diferente daquele como entrou nele. O contrato de trabalho não foi um ato de

Friedrich Engels – Resumo de O capital

um *agente livre* vendendo *como quer* seu tempo, seu trabalho, mas um ato que o *força* a vendê-lo, e só a oposição *em massa* dos trabalhadores conquista uma *lei estatal* que os impede de se vender e vender sua geração à morte e à escravidão pelo contrato voluntário com o capital. O pomposo catálogo dos direitos humanos inalienáveis é substituído pela modesta *Magna Charta*[6] da lei fabril (p. 280-1 [p. 373-4]).

V. Taxa e massa do mais-valor[7]

Dada a taxa, é dada também a sua *massa*. Sendo o valor diário de *uma* força de trabalho 3 xelins e a taxa do mais-valor = 100%, então sua massa diária = 3 xelins para um trabalhador.

1) Sendo o *capital variável* a expressão monetária do valor de *todas* as forças de trabalho empregadas simultaneamente por um capitalista, então a *massa* do mais-valor produzido por elas = ao capital variável multiplicado pela taxa do mais-valor. Os dois fatores podem variar e disso resultarem diferentes combinações. A *massa* do mais-valor pode crescer, mesmo quando o capital variável diminui, quando a taxa sobe e, portanto, a jornada de trabalho é *prolongada* (p. 282 [p. 375-6]).

2) Esse aumento da taxa do mais-valor possui *seu limite absoluto* no fato de que a jornada de trabalho nunca poderá ser prolongada até 24 horas diárias, logo o valor total da produção diária de *um* trabalhador *jamais* poderá ser igual ao valor de 24 horas de trabalho. Portanto, para obter a *mesma* massa de mais-valor, o capital variável só poderá ser compensado *dentro desses limites* pelo aumento da exploração do trabalho. Isso é importante para aclarar diversos fenômenos que se originam da tendência contraditória do capital: 1) *reduzir* o capital variável e a quantidade de trabalhadores empregados; e 2) produzir, ainda assim, a maior massa possível de mais--valor (p. 283, 284 [p. 377]).

3) As massas de valor e mais-valor produzidas por diferentes capitais – com dado valor da força de trabalho e o grau de exploração desta última sendo igual – *estão na razão direta da grandeza dos componentes variáveis desses capitais* (p. 285 [p. 378]). Isso aparentemente é contrário a todos os fatos.

---

[6] *Magna Charta Libertatum*: documento imposto ao rei inglês João I (chamado "Sem Terra") pelos grandes senhores feudais, barões e príncipes eclesiásticos, apoiados pela nobreza rural e pelas municipalidades. A *Charta*, assinada em 15 de junho de 1215, limitava o poder do rei principalmente em favor dos senhores feudais e fazia várias concessões à nobreza rural; à massa da população, ou seja, os camponeses servos, a *Charta* não concedia nenhum direito. Marx refere-se aqui à lei para limitar a jornada de trabalho, pela qual a classe trabalhadora inglesa teve de travar uma longa e persistente luta. (N. E. A.)

[7] Ver *Marx-Engels Werke*, v. 23, cit., p. 321-30 [ed. bras.: *O capital*, cit., p. 375-83]. (N. E. A.)

Produção do mais-valor absoluto

Considerando uma sociedade dada e uma jornada de trabalho dada, o mais-valor só poderá ser aumentado mediante o aumento da quantidade de trabalhadores, isto é, da população; no caso de uma quantidade dada de trabalhadores, somente pelo prolongamento da jornada de trabalho. Isso, contudo, só é importante para o mais-valor *absoluto* [p. 379].

Agora se evidencia que *nem toda* soma de dinheiro pode ser convertida em capital, que existe um mínimo: o preço de custo de *uma única* força de trabalho e dos meios de trabalho necessários. Para que possa viver como trabalhador, ele *próprio* [o capitalista] deve ter pelo menos dois trabalhadores a uma taxa de 50% de mais-valor e ainda assim não pouparia nada. Mesmo que tivesse oito trabalhadores, não passaria de um pequeno mestre. Essa é a razão pela qual, na Idade Média, os mestres-artesãos eram impedidos à força de se tornarem capitalistas, mediante a limitação do número de trabalhadores que um mestre individual podia empregar. O mínimo de riqueza requerido para formar um capitalista autêntico varia em diversos períodos e ramos de negócio (p. 288 [p. 380-1]).

O capital se desenvolveu a ponto de *assumir o comando sobre o trabalho* e cuida para que o trabalhador execute seu trabalho ordenadamente e com o grau apropriado de intensidade. Além disso, ele *obriga* os trabalhadores a realizar mais trabalho do que é necessário para seu sustento e, no quesito extração de mais-valor, é superior a todos os sistemas anteriores de produção baseados no trabalho forçado *direto*.

O capital assume o trabalho de acordo com condições técnicas dadas e não o altera em nada. Daí que, considerando-se o processo de produção *processo de trabalho*, o trabalhador não se relaciona com os meios de produção como capital, mas como meio de atividade visando a um fim. Porém, quando o consideramos *processo de valorização*, é diferente. Os meios de produção se tornam meios de *sucção de trabalho alheio. Não é mais o trabalhador que emprega os meios de produção, mas são os meios de produção que empregam o trabalhador*. "Em vez de serem consumidos *por ele* [...], *são eles que o consomem* como fermento de seu próprio processo vital, e o processo vital do capital não é mais do que seu movimento como *valor que valoriza a si mesmo*. [...] A simples transformação do dinheiro [...] em meios de produção converte estes últimos em *títulos legais* e compulsórios *ao trabalho e mais-trabalho alheios*" (p. 289 [p. 382]).

CAPÍTULO IV

A produção do mais-valor relativo

I. O conceito do mais-valor relativo[1]

Em caso de uma jornada de trabalho dada, o mais-trabalho só pode ser aumentado pela redução do trabalho *necessário*, mas esta só se consegue – abstraindo-se de pressões para que o salário diminua abaixo do seu valor – mediante redução do valor [da força] do trabalho e, portanto, mediante redução do preço dos meios de subsistência necessários. Isso, por sua vez, só se consegue mediante *aumento da força produtiva do trabalho, mediante uma revolução no próprio modo de produção* (p. 291-3 [p. 387-90]).

O mais-valor produzido pelo prolongamento da jornada de trabalho é mais-valor *absoluto*; o mais-valor produzido pela redução do tempo de trabalho necessário é mais-valor *relativo* (p. 295 [p. 287]).

Para reduzir o valor [da força] do trabalho, o aumento da força produtiva tem de abranger os ramos da indústria cujos produtos determinam o valor da força de trabalho – os meios de subsistência habituais e os meios de reposição destes, suas matérias-primas etc. Demonstração de como a concorrência faz com que a força produtiva incrementada leve ao preço mais baixo da mercadoria (p. 296-9 [p. 390-3]).

O valor das mercadorias é *inversamente proporcional* à força produtiva do trabalho, e o mesmo vale para *o valor da força de trabalho*, por ser determinado pelos valores das mercadorias. O mais-valor relativo, ao contrário, é *diretamente proporcional à força produtiva do trabalho*. (p. 299 [p. 393]).

Os capitalistas não estão interessados no valor *absoluto* da mercadoria, mas somente no *mais-valor* incorporado nela. A realização de mais-valor compreende a compensação de valor adiantado. De acordo com a p. 299 [p. 394], o mesmo processo de aumento da força produtiva reduz o valor das mercadorias e aumenta o mais-valor contido nela; isso explica por que o capitalista, que só se interessa pela produção de valor de troca, está sempre buscando reduzir o valor de troca da mercadoria. Ver Quesnay (p. 300 [p. 394-5]).

---

[1]   Ibidem, p. 331-40 [ed. bras.: *O capital*, cit., p. 387-96]. (N. E. A.)

Friedrich Engels – Resumo de O capital

Em consequência, na produção capitalista, a economia do trabalho por meio do desenvolvimento de sua força produtiva não visa em absoluto a redução da jornada de trabalho – esta pode ser até *prolongada*. Por essa razão, pode-se ler, em economistas do calibre de McCulloch, Ure, Senior e *tutti quanti* [outros tantos], numa página que *o trabalhador tem uma dívida de gratidão com o capital pelo desenvolvimento das forças produtivas* e, na página seguinte, que *ele tem de dar provas dessa gratidão, trabalhando, doravante, quinze horas em vez de dez*. O único fim desse desenvolvimento das forças produtivas é reduzir o *trabalho necessário* e prolongar o trabalho para o capitalista (p. 301 [p. 395-6]).

II. Cooperação[2]

Segundo a p. 288 [p. 380], para que haja produção capitalista é preciso haver um capital individual suficiente para empregar simultaneamente certa quantidade de trabalhadores; somente quando se tiver desligado totalmente do trabalho, o empregador de trabalho, ele próprio, se tornará um legítimo capitalista. A atividade de uma grande quantidade de trabalhadores ao mesmo tempo, no mesmo campo de trabalho, para produção do mesmo tipo de mercadoria, sob o comando do mesmo capitalista, *constitui histórica e conceitualmente o ponto de partida da produção capitalista* (p. 302 [p. 397]).

Portanto, num primeiro momento, havia apenas uma diferença *quantitativa* em relação à fase anterior, em que *menos* trabalhadores eram empregados por um mesmo empregador. Mas logo ocorreu uma mudança. A grande quantidade de trabalhadores já garante que o empregador *de fato obtenha trabalho médio*, o que não era o caso do pequeno mestre, que, por isso, tem de pagar o valor médio [da força] do trabalho; no caso das pequenas empresas, as desigualdades se compensam para a sociedade, mas não para cada um dos mestres. Portanto, *a lei geral da valorização* só se realiza completamente para o produtor individual quando ele produz *como capitalista*, empregando muitos trabalhadores ao mesmo tempo e, portanto, *de antemão* pondo em movimento *trabalho social médio* (p. 303, 304 [p. 397, 399]).

Ademais: economia dos meios produção somente por meio da grande empresa, menor transferência de valor de partes constantes do capital para o produto, que resulta somente de seu consumo comum no processo de trabalho de muitos. Desse modo, os *meios* de trabalho adquirem um caráter social antes que o próprio processo de trabalho o adquira (até então simples justaposição de processos do mesmo tipo) (p. 305 [p. 399-400]).

Aqui a economia dos meios de produção só será analisada na medida em que barateia mercadorias e, por essa via, *diminui o valor [da força] do trabalho*.

---

[2] Ibidem, p. 341-55 [ed. bras.: *O capital*, cit., p. 397-410]. (N. E. A.)

A produção do mais-valor relativo

Só no Livro III será analisado em que medida ela modifica a relação entre o mais-valor e o *capital total* adiantado (c + v). Essa dissociação se insere totalmente no espírito da produção capitalista; como ela faz com que o trabalhador se confronte autonomamente com suas condições de trabalho, sua economia também aparece como uma operação específica que não lhe diz respeito e, em consequência, está separada dos métodos pelos quais é elevada a produtividade da força de trabalho consumida pelo capital.

A forma de trabalho na qual muitos indivíduos trabalham lado a lado e em conjunto, de acordo com um plano, num mesmo processo de produção ou em processos de produção diferentes, porém conexos, chama-se cooperação (Destutt de Tracy, *Concours de forces*) (p. 306 [p. 400]).

A soma da força mecânica de trabalhadores individuais é essencialmente distinta da *potência mecânica das forças* que se desdobra quando muitas mãos *atuam juntas* e ao mesmo tempo na mesma operação indivisa (erguer um fardo etc.). A cooperação cria de antemão uma força produtiva que é, em si e por si só, uma força de *massas*.

Ademais, para a maior parte dos trabalhadores produtivos, *o simples contato social* gera uma *competitividade* que aumenta a capacidade individual de desempenho dos indivíduos, de modo que 12 trabalhadores em uma jornada de trabalho comum de 144 horas fornecem um produto maior do que 12 trabalhadores em 12 jornadas de trabalho separadas ou um trabalhador em 12 jornadas de trabalho sucessivas (p. 307 [p. 400-2]).

Embora muitos façam a mesma coisa ou coisas similares, o trabalho individual de cada qual pode representar fases distintas do processo de trabalho (fila de pessoas que passam algo de mão em mão), sendo que a cooperação poupa trabalho. O mesmo ocorre quando uma construção é iniciada por diversos lados ao mesmo tempo. O trabalhador combinado ou o trabalhador coletivo tem mãos e olhos por todos os lados e possui certo grau de onipresença (p. 308 [p. 402]).

No caso de processos de trabalho complexos, a cooperação permite distribuir os processos específicos e realizá-los simultaneamente, e, por essa via, encurtar o tempo de trabalho para a confecção do produto global (p. 308 [p. 402]).

Em muitas esferas de produção há *momentos críticos* nos quais são necessários muitos trabalhadores (colheita, pesca do arenque etc.). Nesses casos, só a cooperação resolve (p. 309 [p. 403]).

A cooperação, por um lado, *amplia* o campo de produção e, por conseguinte, é necessária para trabalhos em que há grande continuidade espacial do campo de trabalho (drenagem, construção de estradas etc., construção de represas) e, por outro, *contrai-o* pela concentração de trabalhadores em um só local, poupando custos (p. 310 [p. 404]).

Em todas essas formas, a cooperação, a força produtiva específica da jornada de trabalho combinada, é força produtiva social do trabalho. Ela

Friedrich Engels – Resumo de O capital

se origina da própria cooperação. Na cooperação planejada com outros, o trabalhador supera suas limitações individuais e desenvolve sua capacidade genérica [p. 405].

Mas os trabalhadores assalariados não podem cooperar, a não ser que *o mesmo capitalista* os empregue ao mesmo tempo, que lhes pague e lhes forneça os meios de trabalho. O critério da cooperação depende, portanto, *de quanto capital um capitalista possui*. A condição de que deve haver um determinado montante de capital para converter um possuidor em capitalista torna-se agora condição *material* para a transformação dos muitos trabalhos individuais fragmentados e independentes em um processo social combinado de trabalho.

Do mesmo modo, o *comando* do capital sobre o trabalho, que inicialmente parecia ser uma decorrência formal da relação entre trabalhador e capitalista, converte-se agora em *condição necessária* do próprio processo de trabalho; o capitalista representa justamente a combinação no processo do trabalho. A *direção* do processo de trabalho se torna, na cooperação, *função do capital* e, como tal, adquire características específicas (p. 312 [p. 406]).

Em conformidade com a finalidade da produção capitalista (a maior autovalorização possível do capital), essa direção é também função da maior exploração possível de um processo social de trabalho e, em consequência, condicionada pelo antagonismo inevitável entre explorador e explorados. Ademais, o controle sobre o uso correto dos meios de trabalho. Por fim, a interconexão das funções dos trabalhadores individuais reside *fora deles*, no capital, de modo que eles se confrontam com sua unidade como *autoridade do capitalista*, como vontade alheia. Assim sendo, a direção capitalista é *dupla* – 1) processo social de trabalho para confecção de um produto e 2) processo de valorização de um capital – e possui uma forma *despótica*. Esse despotismo está desenvolvendo suas formas próprias: a capitalista, recém-desvinculada do próprio trabalho, entrega agora a supervisão direta a um grupo organizado de oficiais e suboficiais, que são eles próprios trabalhadores assalariados do capital. No caso da *escravidão*, os economistas computam esses custos de supervisão como *faux frais* [despesas ocasionais]; no caso da produção capitalista, identificam a direção, na medida em que ela é condicionada pela exploração, diretamente com a mesma função, na medida em que se origina da natureza do processo social de trabalho (p. 313, 314 [p. 407-8]).

O comando supremo na indústria torna-se atributo do capital, do mesmo modo que, na época feudal, o comando supremo na guerra e no tribunal era atributo do proprietário de terras (p. 314 [p. 408]).

O capitalista compra 100 forças de trabalho individuais e recebe uma força de trabalho combinada de 100. Ele *não* paga a força de trabalho combinada de 100. Quando ingressam no processo combinado de trabalho, os trabalhadores já deixaram de pertencer a si mesmos; eles já foram incorporados ao capital. Desse modo, a *força produtiva social do trabalho se manifesta como força produtiva imanente do capital* (p. 315 [p. 408]).

A produção do mais-valor relativo

Exemplos de cooperação entre os antigos egípcios etc. (p. 316 [p. 409-10]).

A cooperação natural nos primórdios da cultura entre os povos caçadores, nômades ou comunidades indianas baseia-se: 1) na propriedade comum das condições de produção; 2) no apego natural dos indivíduos à tribo e à comunidade originária. – A cooperação esporádica na Antiguidade, na Idade Média e nas colônias modernas se baseia na dominação e na violência diretas, na maioria das vezes a escravidão. – A cooperação capitalista, em contraposição, pressupõe o trabalhador assalariado livre. Historicamente ela aparece em oposição direta à economia camponesa e à atividade manufatureira independente (corporativa ou não) e, portanto, como forma histórica peculiar ao processo capitalista de produção, que o distingue dos demais. Ela é a primeira modificação que o processo do trabalho experimenta por sua subsunção ao capital. Assim, aparece aqui: 1) o modo capitalista de produção como necessidade histórica de transformação do processo do trabalho em um processo social, mas também: 2) essa forma social do processo do trabalho como um método do capital, para explorá-lo mais lucrativamente mediante a intensificação de suas forças produtivas (p. 317 [p. 410]).

A cooperação, como foi considerada até aqui, ou seja, em sua forma *simples*, coincide com a produção em maior escala, mas não constitui uma forma fixa, característica, de uma época específica da produção capitalista, e subsiste até hoje onde o capital opera em grande escala, sem que a divisão do trabalho ou a maquinaria desempenhem um papel importante. Assim, embora a cooperação seja a forma básica de toda a produção capitalista, sua forma *simples* aparece, assim mesmo ou como forma particular, ao lado de suas formas mais desenvolvidas (p. 318 [p. 410]).

III. Divisão do trabalho e manufatura[3]

A manufatura, a forma clássica da cooperação baseada na divisão do trabalho, reinou desde cerca de 1550 até 1770. Ela surgiu:

1) da combinação de ofícios diversos, em que cada um executa uma operação parcial (por exemplo, manufatura de carruagens); nesse caso, o artesão particular logo perde a capacidade de realizar a manufatura *por inteiro*, mas, em compensação, realiza a manufatura parcial mais agilmente; ou seja, o processo é convertido em uma divisão da operação total em suas partes individuais (p. 318, 319 [p. 411]);

2) ou da reunião, na mesma fábrica, de muitos artesãos fazendo a mesma coisa ou coisas similares e, gradativamente, as operações individuais, em vez de serem realizadas sucessivamente por um só trabalhador, são separadas

---

3 Ibidem, p. 356-90 [ed. bras.: *O capital*, cit., p. 411-43]. (N. E. A.)

Friedrich Engels – Resumo de O capital

e realizadas por diversos trabalhadores simultaneamente (agulhas etc.). Em vez de ser obra de um artesão, o produto passa a ser obra de uma associação de artesãos, em que cada um realiza apenas uma operação parcial (p. 319, 320 [p. 412-3]).

Nos dois casos, o resultado é este: *um mecanismo de produção, cujos órgãos são seres humanos*. A execução permanece *artesanal*; cada processo parcial que o produto percorre tem de ser *manualmente executável*, o que, portanto, *exclui toda a análise efetivamente científica do processo de produção*. Precisamente por causa dessa natureza artesanal, cada trabalhador particular fica completamente amarrado à sua função parcial (p. 321 [p. 413]).

Por essa via, poupa-se trabalho, em comparação com o artesão, e isso é intensificado ainda mais mediante a transmissão à geração seguinte. Assim, a divisão manufatureira do trabalho segue a tendência de sociedades mais antigas de tornar os ofícios hereditários – castas, guildas (p. 322 [p. 414]).

Subdivisão das ferramentas mediante adaptação aos diversos trabalhos parciais – quinhentos tipos de martelo em Birmingham (p. 323, 324 [p. 415-6]).

Considerada do ponto de vista do mecanismo *global*, a manufatura possui dois lados: ou simples composição mecânica de produtos autônomos parciais (relógio) ou série de processos concatenados em *uma* oficina (agulhas).

Na manufatura, cada grupo de trabalhadores fornece sua matéria-prima aos demais. Daí o requisito básico de que cada grupo produza uma quantidade dada em um tempo dado, gerando, portanto, continuidade, regularidade, uniformidade e intensidade de trabalho muito diferentes daquelas da cooperação simples. Nesse ponto, portanto, *já se passa para a lei* **técnica do processo de produção**: *a de que o trabalho seja trabalho socialmente necessário* (p. 329 [p. 420]).

Períodos desiguais de tempo exigidos pelas operações individuais condicionam que os diversos grupos de trabalhadores tenham distintas *capacidades* e quantidades (no caso dos fundidores de tipos móveis para prensas, 4 fundidores e 2 quebradores para 1 polidor). Portanto, a manufatura cria uma proporção matemática fixa para a extensão quantitativa dos órgãos individuais do trabalhador total, e a produção só pode ser expandida mediante nova contratação de um *múltiplo* do grupo global. Soma-se a isso que a autonomização de certas funções – supervisão, transporte de produtos de um local para outro etc. – somente compensa quando se atinge certo nível de produção (p. 329, 330 [p. 420-1]).

Também ocorre interconexão de distintas manufaturas em uma manufatura global, mas em geral ainda falta verdadeira unidade técnica, que só surge com a maquinaria (p. 331 [p. 422]).

Já bem cedo aparecem – ocasionalmente – certas máquinas na manufatura (moinho de grãos, moinho de pilões etc.), mas apenas de modo secundário. A maquinaria principal da manufatura é *o trabalhador coletivo combinado*, que possui uma perfeição muito maior do que o antigo trabalhador artesanal

A produção do mais-valor relativo

particular e no qual todas as imperfeições, à maneira como são necessariamente desenvolvidas no trabalhador parcial, aparecem como perfeição (p. 333 [p. 287]). A manufatura desenvolve diferenças entre esses trabalhadores parciais, *skilled* e *unskilled*, e até uma hierarquia completa de trabalhadores (p. 334 [p. 423]).

Divisão do trabalho: 1) universal (em agricultura, indústria, navegação etc.); 2) particular (em espécies e subespécies); e 3) singular (na oficina). A divisão social do trabalho também se desenvolve a partir de diferentes pontos de partida: 1) no interior da família e da tribo, divisão natural segundo gênero e idade, ampliada pela escravidão mediante violência contra vizinhos (p. 335 [p. 425]); 2) diferentes comunidades produzem, dependendo de sua localização, clima, estágio cultural, *diferentes produtos que são trocados quando essas comunidades entram em contato umas com as outras* (p. 49[4] [p. 162]). Nesse caso, a troca com comunidades estrangeiras é um dos principais meios de implosão do vínculo natural da própria comunidade, mediante o desenvolvimento da divisão natural do trabalho (p. 336 [p. 426]).

Portanto, a divisão manufatureira do trabalho, por um lado, pressupõe certo grau de desenvolvimento da divisão social do trabalho e, por outro, continua a desenvolvê-la – é a divisão territorial do trabalho (p. 337, 338 [p. 427-8]).

Em contrapartida, a divisão social do trabalho sempre se diferencia da divisão manufatureira do trabalho pelo fato de que a primeira produz necessariamente *mercadorias*, enquanto na segunda o trabalhador parcial *não* produz mercadorias. Por conseguinte, na segunda há concentração e organização, na primeira há fragmentação e desordem da concorrência (p. 339-41 [p. 428-9]).

Sobre a organização mais antiga da comunidade indiana (p. 341-2 [p. 431-2]). A guilda (p. 343-4 [p. 432-3]). Enquanto em todos esses casos há divisão do trabalho na *sociedade*, a divisão manufatureira do trabalho *é uma criação específica do modo capitalista de produção*.

Como na cooperação, o organismo do trabalho em funcionamento na manufatura é também *uma forma de existência do capital*. Por conseguinte, a força produtiva que brota da combinação dos trabalhos manifesta-se *como força produtiva do capital*. Porém, enquanto a cooperação não altera o modo de trabalho dos indivíduos em seu conjunto, a manufatura a revoluciona, mutila o trabalhador; sendo incapaz de fazer um produto autônomo, ele não passa de um *acessório* da oficina do capitalista. As potências intelectuais do trabalho desaparecem do lado dos muitos e ampliam suas proporções do lado do único. É produto da divisão manufatureira do trabalho *contrapor* aos trabalhadores as potências intelectuais do processo do trabalho *como propriedade alheia e poder que os domina*. Esse processo de separação, que já

---

[4]   Ibidem, p. 102 [ed. bras.: *O capital*, cit., p. 411-43]. (N. E. A.)

Friedrich Engels – Resumo de O capital

começa na cooperação, desenvolve-se na manufatura e completa-se na grande indústria, que separa do trabalho a ciência como potência autônoma de produção e a obriga a servir ao capital (p. 346 [p. 434-5]).

Passagens comprobatórias (p. 347 [p. 435-6]).

A manufatura, que, de um lado, é uma determinada organização de trabalho social e, de outro, é apenas *um método especial* para geração de mais-valor relativo (p. 350 [p. 438]). A importância histórica na mesma passagem.

Obstáculos ao desenvolvimento da manufatura, mesmo em seu período clássico: limitação da quantidade de trabalhadores não qualificados por preponderância de trabalhadores qualificados; limitação do trabalho de crianças e mulheres por resistência dos homens; insistência nas *laws of apprenticeship* [leis de aprendizagem], mesmo onde eram supérfluas; permanente insubordinação dos trabalhadores, já que o trabalhador coletivo ainda não tem um esqueleto independente dos trabalhadores – emigração dos trabalhadores (p. 353-4 [p. 441-2]).

Ademais, ela própria não estava em condições de revolucionar ou mesmo só controlar toda a produção social. Sua estreita base técnica entrou em contradição com as necessidades de produção criadas por ela mesma. A máquina é necessária e a manufatura já tinha aprendido a confeccioná-la (p. 355 [p. 442]).

IV. Maquinaria e grande indústria[5]

a) Maquinaria em si

A revolução no modo de produção, que, na manufatura, partiu da *força* de trabalho, parte aqui do *meio* de trabalho.

Toda maquinaria desenvolvida consiste em: 1) máquina motriz; 2) mecanismo de transmissão; 3) máquina-ferramenta (p. 357 [p. 446-7]).

A revolução industrial do século XVIII parte da *máquina-ferramenta*. Sua característica é que a ferramenta é transferida – de forma mais ou menos modificada – do ser humano para a máquina e movida por ela mediante o seu funcionamento. Num primeiro momento é indiferente que a sua força motriz seja humana ou natural. A diferença específica é que *o ser humano só pode utilizar seus próprios membros, enquanto a máquina*, dentro de certos limites, *pode utilizar tantas ferramentas quantas forem exigidas*. (Roda de fiar = 1 [fuso], Jenny[6] = 12-18 fusos.)

---

[5] Ibidem, p. 391-530 [ed. bras.: *O capital*, cit., p. 445-574]. (N. E. A.)

[6] Máquina de fiar inventada por James Hargreaves nos anos 1764-1767 e batizada por ele com o nome de sua filha. (N. E. A.)

A produção do mais-valor relativo

Na medida em que a revolução visou, no caso da roda de fiar, não o pedal, [isto é,] a força motriz, mas o fuso – no início, em toda parte, o ser humano era ainda a força motriz e ao mesmo tempo o supervisor. A revolução da máquina-ferramenta, pelo contrário, tornou necessário e, em seguida, levou a cabo o aperfeiçoamento das máquinas a vapor (p. 359-60 [p. 448-9] e também p. 361-2 [p. 450-1]).

Dois tipos de maquinaria na grande indústria: ou 1) cooperação de máquinas do mesmo tipo (*powerloom* [tear a vapor], *envelope machine* [máquina de fazer envelopes]), que conjuga o trabalho de toda uma série de trabalhadores parciais por combinação de diversas ferramentas, produzindo já a unidade tecnológica por meio de engrenagens e força motriz) – ou 2) sistema de máquinas, combinação de diversas máquinas executando trabalhos parciais (fiação). Esta tem seu fundamento natural na divisão de trabalho da manufatura. Porém, há de imediato uma diferença essencial. Na manufatura, cada processo parcial tinha de ser adaptado ao *trabalhador*; aqui, isso não é mais necessário, o processo de trabalho pode ser decomposto *objetivamente* em seus componentes, cabendo à ciência e à experiência baseada na ciência resolver o problema de levá-los a cabo por máquinas. – Aqui a proporção quantitativa de grupos particulares de trabalhadores é repetida como proporção dos grupos particulares de máquinas (p. 363-6 [p. 453-4]).

Nos dois casos, a fábrica constitui um *grande autômato* (que, aliás, só recentemente foi aperfeiçoado nesse sentido) e essa é a sua forma adequada (p. 367 [p. 454]); sua forma mais bem acabada é *o autômato que constrói máquinas*, que suprime a base artesanal e manufatureira da grande indústria e, desse modo, fornece pela primeira vez a forma perfeita da maquinaria (p. 369-72 [p. 457-9]).

Conexão entre a revolução dos ramos individuais até os meios de comunicação (p. 370 [p. 457]).

Na manufatura, a combinação dos trabalhadores é subjetiva; aqui há um organismo *mecânico* objetivo de produção que o trabalhador encontra já pronto e só funciona na mão dos trabalhadores reunidos, o caráter cooperativo do processo de trabalho passando a ser *necessidade técnica* (p. 372 [p. 459]).

As forças produtivas originadas pela cooperação e pela divisão do trabalho não custam nada ao capital; as forças da natureza, o vapor, a água também não. Tampouco as forças descobertas pela ciência. Porém estas só podem ser realizadas por aparelhos adequados, fabricados a alto custo, e as máquinas-ferramentas também custam bem mais do que as antigas ferramentas. Mas essas máquinas possuem uma vida útil muito mais longa e um campo de produção muito maior do que a ferramenta e, por conseguinte, transferem uma parte relativamente muito menor de valor para o produto do que uma ferramenta, logo o serviço *gratuito* que a máquina presta (e que não reaparece no valor do produto) é muito maior do que no caso da ferramenta (p. 374, 375-6 [p. 459-61]).

Friedrich Engels – Resumo de O capital

O barateamento mediante concentração da produção é muito maior na grande indústria do que na manufatura (p. 375 [p. 460]).

O preço das mercadorias prontas prova quanto a máquina barateou a produção e que a parcela do valor devida ao meio de trabalho aumenta em termos relativos, mas diminui em termos absolutos. A produtividade da máquina é medida pelo grau com que *substitui a força de trabalho humana*. Exemplo nas p. 377-9 [p. 464-6].

Visto que um arado a vapor substituiu 150 trabalhadores com um salário anual de 3 mil libras esterlinas – esse salário anual *não representa todo o trabalho* realizado por eles, mas apenas o *trabalho necessário* – mas, além disso, eles ainda realizam o *mais-trabalho*. Se, em contrapartida, o arado a vapor custa 3 mil libras esterlinas, essa é a expressão monetária de *todo* o trabalho contido nele, e se, portanto, a máquina custa o mesmo que a força de trabalho por ela substituída, o trabalho humano nela representado sempre será *bem menor* do que o trabalho por ela substituído (p. 380 [p. 465-6]).

Como *meio de barateamento da produção*, a máquina *tem de custar menos trabalho do que ela substitui*. Mas, *para o capital, seu valor* precisa ser *menor do que o valor da força de trabalho por ela substituído*. Daí que, nos Estados Unidos da América, podem ser rentáveis máquinas que na Inglaterra não o são (por exemplo, britadeiras). Portanto, podem entrar subitamente em voga, em virtude de certas restrições legais, máquinas que antes não eram rentáveis para o capital (p. 380-1 [p. 466-7]).

b) Apropriação da força de trabalho pela maquinaria

Como a maquinaria contém a própria força que a move, a força muscular se desvaloriza. – Trabalho feminino e infantil, *aumento imediato da quantidade de trabalhadores assalariados* por recrutamento de membros da família que até então não realizavam trabalho assalariado. Desse modo, *o valor [da força] do trabalho masculino é repartido pela força de trabalho de toda a família* e, portanto, *desvalorizado*. – Agora quatro pessoas precisam fornecer ao capital não só trabalho, mas também *mais-trabalho*, para que uma família possa viver, ao passo que, antes, apenas uma pessoa fazia isso. Assim, de imediato, tanto o *material* de exploração quanto o *grau* de exploração são ampliados (p. 383 [p. 468-9]).

Antes, a venda e a compra da força de trabalho eram uma relação entre *pessoas livres*; agora, compram-se *menores de idade ou pessoas desprovidas de maioridade plena*, o trabalhador passa a vender mulheres e crianças, tornando--se *mercador de escravos*. Exemplos nas p. 384-5 [p. 469-70].

Degradação física – taxa de mortalidade dos filhos dos trabalhadores (p. 386 [p. 471]), inclusive na atividade industrial agrícola (*gangsystem* [sistema de turmas]) (p. 387 [p. 472]).

Degradação moral (p. 389 [p. 473]). Cláusulas educacionais e a resistência dos fabricantes a elas (p. 390 [p. 473-4]).

A produção do mais-valor relativo

O ingresso de mulheres e crianças nas fábricas acaba por *quebrar a resistência dos trabalhadores masculinos contra o despotismo capitalista* (p. 391 [p. 475]).

Se a máquina encurta o tempo de trabalho necessário à produção de um objeto, em poder do capital ela se torna o meio mais poderoso de *prolongar a jornada de trabalho muito além dos limites normais*. Ela cria, de um lado, *novas condições* e, de outro, *novos motivos* que capacitam o capital para isso.

A máquina é capaz de um movimento perpétuo e só é freada pela debilidade e limitação da força de trabalho humana que a assiste. A máquina que se desgasta em 7½ anos, funcionando durante 20 horas de tempo de trabalho, absorve para o capitalista *exatamente a mesma quantidade de mais-trabalho*, **mas na metade do tempo**, que aquela que se desgasta em 15 anos funcionando durante 10 horas de tempo de trabalho (p. 393 [p. 475-7]).

Nesse processo, há ainda menos risco de desgaste moral da máquina – *by superseding* [por obsolescência] – (p. 394 [p. 477]).

Ademais, é absorvida uma quantidade maior de trabalho sem *aumento dos investimentos* em prédios e máquinas e, portanto, não só cresce o mais-valor com a jornada de trabalho prolongada, mas também decrescem em termos relativos os investimentos para a sua extração. Isso é tanto mais importante quanto mais preponderante for a parte *fixa* de capital, como é o caso na grande indústria (p. 395 [p. 478]).

Nos primeiros tempos da máquina, quando ela tem um caráter *monopolista*, os lucros são enormes e, consequentemente, acarretam sede de mais, de prolongamento desmedido da jornada de trabalho. Com a introdução geral da máquina, desaparece essa vantagem monopolista e passa a vigorar a lei de que o mais-valor se origina não do trabalho *substituído* pela máquina, mas do trabalho *empregado* por ela e, portanto, do capital variável – este, porém, é necessariamente *reduzido* pelo grande custo de operação das máquinas. Há, portanto, uma contradição imanente no uso capitalista da maquinaria: numa massa dada de capital, ele *aumenta* um dos fatores do mais-valor, a sua *taxa, reduzindo* o outro, a quantidade de trabalhadores. Assim que o valor de fabricação de mercadoria por máquina se converte em valor social regulador dessa mercadoria, essa contradição vem para o primeiro plano e *volta a fazer pressão pelo prolongamento da jornada de trabalho* (p. 397 [p. 287]).

Ao mesmo tempo, porém, liberando trabalhadores rejeitados e recrutando mulheres e crianças, a máquina produz uma *população excedente de trabalhadores* que tem de aceitar que o capital dite as leis. Daí ela derrubar todas as barreiras morais e naturais da jornada de trabalho. Daí o paradoxo de o meio mais poderoso de reduzir o tempo de trabalho converter-se no meio mais infalível para transformar todo o tempo de vida do trabalhador e de sua família em tempo de trabalho disponível para a valorização do capital (p. 398 [p. 480]).

Já vimos como, nesse ponto, se inicia a reação social pela fixação da jornada normal de trabalho; e a partir disso desenvolve-se *a intensificação do trabalho* (p. 399 [p. 481-2]).

Friedrich Engels – Resumo de O capital

No início, com a aceleração [da velocidade] das máquinas, a intensidade do trabalho aumenta concomitantemente com o prolongamento do tempo de trabalho. Porém, em pouco tempo, atinge-se o ponto em que um e outro se excluem. Com a limitação é diferente. A intensidade só pode aumentar se, em 10 horas, for fornecido tanto trabalho quanto em 12 horas ou mais, e a jornada intensificada de trabalho passa a figurar como jornada *potenciada*, e o trabalho passa a ser medido não só pela extensão no tempo mas também por sua intensidade (p. 400 [p. 482-3]). Desse modo, portanto, pode-se obter, em 5 horas de trabalho necessário e 5 horas de mais-trabalho, o mesmo mais-valor que se obtém, com intensidade menor, em 6 horas de trabalho necessário e 6 horas de mais-trabalho (p. 400 [p. 483]).

Como o trabalho é intensificado? Na **manufatura**, por exemplo, na olaria etc., está provado (nota 159) que *a simples redução da jornada de trabalho é suficiente* e a produtividade aumenta enormemente. No trabalho com a maquinaria, isso era bem mais duvidoso. Porém, prova apresentada por R. Gardner (p. 401-2 [p. 483-4]).

Assim que a redução da jornada de trabalho se torna *lei*, a máquina passa a ser o meio de extrair trabalho intensificado do trabalhador, seja por meio de *greater speed* [mais velocidade], seja por meio de *less hands in relation to machine* [menos trabalhadores por máquina]. Exemplos na p. 403-7 [p. 484-5]). Desse modo, aumentam concomitantemente o enriquecimento e a expansão da fábrica, o que é documentado nas p. 407-9 [p. 485-9]).

c) A forma clássica do conjunto da fábrica

Na fábrica, a *máquina* se encarrega da condução apropriada da ferramenta a um determinado fim. As diferenças qualitativas do trabalho desenvolvidas na manufatura são, portanto, eliminadas, e o trabalho é cada vez mais *nivelado*, havendo, quando muito, diferença de idade e sexo. Aqui a divisão do trabalho é a *distribuição dos trabalhadores entre as máquinas específicas*. Aqui há apenas a divisão entre *trabalhadores principais*, que são realmente empregados na máquina-ferramenta, e *feeders* [que alimentam a máquina com material] (mas isso só se aplica ao *selfactor* [máquina de fiar], dificilmente ao *throstle* [máquina de fiar a vapor] e muito menos ao *powerloom corrected* [tear a vapor melhorado]); além disso, supervisores, *engineers* [engenheiros] e *stokers* [foguistas], *mechanics* [mecânicos], *joiners* [marceneiros] etc. são uma classe apenas superficialmente agregada à fábrica (p. 411-2 [p. 491-2]).

A necessidade de adaptação do trabalhador ao movimento contínuo de um autômato exige instrução desde a juventude, mas de modo nenhum como na manufatura, na qual um trabalhador se atém a uma função parcial por toda a vida. Pode haver revezamento de pessoal na mesma máquina (*relay system*) e, devido à pouca dificuldade de aprendizado, os trabalhadores podem ser transferidos de um tipo de máquina para outro; o trabalho de ajudante é muito

A produção do mais-valor relativo

simples ou é cada vez mais atribuído à máquina. Apesar disso, de início, a divisão manufatureira do trabalho se arrasta da forma tradicional e ela própria se torna um meio importante de exploração do capital. O trabalhador se torna peça de uma máquina parcial para toda a vida (p. 413 [p. 494]).

Toda produção capitalista, na medida em que é não só processo de trabalho mas também processo de valorização do capital, tem como característica que não é o trabalhador que emprega a condição do trabalho, mas, inversamente, *é a condição do trabalho que emprega o trabalhador*; porém, apenas com a maquinaria essa inversão adquire uma *realidade* tecnicamente *tangível*. Mediante sua transformação em *autômato*, o *próprio meio de trabalho se confronta*, durante o processo de trabalho, *com o trabalhador como capital*, como trabalho morto que domina e suga a força de trabalho viva. *Ditto* as potências intelectuais do processo de produção como potências do capital sobre o trabalho... A habilidade detalhista do operador de máquinas individual, esvaziado, desaparece como coisa diminuta e secundária perante a ciência, perante as enormes potências da natureza e do trabalho social massivo que estão corporificadas no sistema da maquinaria (p. 414, 415 [p. 495]).

Disciplina de quartel da fábrica, código fabril (p. 416 [p. 495-6]).

Condições físicas da fábrica (p. 417-8 [p. 497-9]).

c' ou d) A luta dos trabalhadores contra o sistema fabril e a máquina

Desde que se estabeleceu a relação capitalista, essa luta emerge primeiramente como revolta contra a máquina enquanto base material do modo de produção capitalista. *Bandmühle* [máquina de tecer fitas e galões] (p. 419 [p. 499-500]). Luditas[7] (p. 420 [p. 501]). Só mais tarde os trabalhadores passaram a diferenciar entre o meio material de produção e sua forma social de exploração.

Durante a manufatura, a divisão aprimorada do trabalho proporcionou mais meios de substituir *virtualmente* os trabalhadores (p. 421 [p. 501]). (Excurso sobre agricultura, expulsão (p. 422 [p. 502]).) Porém, na maquinaria, os trabalhadores foram *expulsos de fato*, a máquina compete diretamente com ele. *Hand loom weavers* [tecelões manuais] (p. 423 [p. 503]). *Ditto* na Índia (p. 424 [p. 504]). Esse efeito é permanente, pois a máquina se apossa constantemente de novos campos de produção. A forma autonomizada e alienada que a produção capitalista confere ao trabalhador em confronto com o meio

---

[7] Integrantes de um movimento de trabalhadores da Inglaterra, da segunda metade do século XVIII e primeira metade do século XIX, que, em decorrência da consciência ainda não desenvolvida do proletariado, assumiu o caráter de uma conspiração contra as máquinas. A designação provém do nome do lendário líder trabalhista Ned Ludd, que teria sido o primeiro a destruir um tear em resposta a um ato arbitrário. (N. E. A.)

Friedrich Engels – Resumo de O capital

do trabalho evolui mediante a máquina para o *antagonismo total* – daí primeiro a revolta do trabalhador contra o instrumento de trabalho (p. 424 [p. 504]).

Detalhes do alijamento dos trabalhadores pela máquina (p. 425, 426 [p. 505-6]). A máquina é um meio de quebrar a resistência dos trabalhadores contra o capital pelo alijamento (p. 427, 428 [p. 506-7]).

A economia liberal afirma que a máquina que alija os trabalhadores libera simultaneamente um capital capaz de empregar esses trabalhadores. Mas é o oposto: toda introdução de máquinas *fixa* capital, reduz sua parcela *variável* e aumenta sua parcela constante, podendo, portanto, apenas *limitar* a capacidade de emprego do capital. De fato – e é isso que querem dizer aqueles apologistas –, não é essa espécie de capital que é liberado, mas são liberados os *meios de subsistência* dos trabalhadores deslocados, *os trabalhadores são liberados dos meios de subsistência*, o que o apologista expressa da seguinte maneira: *a máquina libera meios de subsistência para o trabalhador* (p. 429, 430 [p. 510-1]).

Isso é aprofundado nas p. 431-2 [p. 512-3]) (muito bom para a *Fortnightly*)[8]. Os antagonismos inseparáveis da utilização capitalista da máquina *não existem para os apologistas, porque eles não brotam da própria máquina, mas de sua utilização capitalista* (p. 432 [p. 513]).

Expansão da produção mediante máquinas direta e indiretamente, e, desse modo, *possível* aumento da quantidade de trabalhadores empregados até ali: mineiros, escravos em *cotton states* [países produtores de algodão] etc. Em contraposição, alijamento de escoceses e irlandeses pelas ovelhas (p. 433-4 [p. 515-6]).

A indústria mecanizada intensifica a divisão *social* do trabalho bem mais do que fez a manufatura (p. 435 [p. 516]).

c" ou e) Máquina e mais-valor

O primeiro resultado da máquina – *aumento do mais-valor* e simultaneamente da massa de produtos que o representa e do qual se alimenta a classe capitalista e seu séquito –, ou seja, aumento do número de capitalistas, nova necessidade de luxo e, ao mesmo tempo, meios para sua satisfação. A produção de luxo cresce, bem como os *meios de transporte* (que, no entanto, absorvem poucas forças de trabalho nos países desenvolvidos) (comprovação na p. 436 [p. 517-8]) e, por fim, cresce a classe serviçal, os *escravos domésticos* modernos, cujo material é fornecido pela liberação (p. 437 [p. 518]). **Estatística**.

Contradições econômicas (p. 437 [p. 518]).

Possibilidade de *crescimento absoluto* do trabalho em um ramo de negócios em consequência da máquina e de modalidades desse processo (p. 439-40 [p. 518-9]).

---

[8] Ver adiante, p. 91 e seg.

A produção do mais-valor relativo

Enorme elasticidade, capacidade de expansão repentina e aos saltos da grande indústria para um alto grau de desenvolvimento (p. 441 [p. 522-3]). Repercussão nos países produtores de matérias-primas. Emigração em consequência da liberação de trabalhadores. Divisão internacional do trabalho de países industrializados e agrícolas – periodicidade de crises e prosperidade (p. 442 [p. 523-4]). Os trabalhadores são jogados de um lado para outro nesse processo de expansão (p. 444 [p. 525]).

Aspectos históricos disso nas p. 445-9 [p. 526-30].

Com o alijamento da cooperação e da manufatura pela máquina (e os estágios intermediários, p. 450-1 [p. 531-2]), houve mudança também nos ramos industriais não operados pelo regime fabril no espírito da grande indústria – o trabalho domiciliar se tornou um departamento externo da fábrica (p. 452 [p. 533]). No trabalho domiciliar e na manufatura moderna, a exploração é ainda mais inescrupulosa do que na fábrica propriamente dita (p. 453 [p. 533]). Exemplos: gráficas de Londres (p. 453 [p. 534]). Encadernação de livros, classificação de farrapos (p. 454 [p. 534]). Fabricação de tijolos (p. 455 [p. 535]). Manufatura moderna em geral (p. 456 [p. 535]). *Trabalho domiciliar: fabricação de renda* (p. 457-9 [p. 537-40]). *Trançado de palha* (p. 460 [p. 540]). Conversão em indústria fabril depois de atingido o extremo da explorabilidade: *wearing apparel* [acessórios de vestuário] pela *máquina de costura* (p. 462-6 [p. 540-5]). Aceleração dessa conversão pela expansão das leis fabris compulsórias, que suprimem o desleixo anterior baseado na exploração ilimitada (p. 466 [p. 546]). *Exemplos: olarias* (p. 467 [p. 546-7]). Palitos de fósforo (p. 468 [p. 547]). Efeito remoto das leis fabris sobre o trabalho não regular, tanto pela ociosidade dos trabalhadores quanto pelas estações e modas (p. 470 [p. 548-9]). Sobretrabalho, ao lado da ociosidade, em consequência das estações no trabalho domiciliar e manufatura (p. 471 [p. 549-50]).

Cláusulas sanitárias das leis fabris (p. 473 [p. 551-3]). Cláusulas educacionais (p. 476 [p. 553-4]).

Liberação dos trabalhadores meramente por *idade*, assim que se tornam adultos e não servem mais para o trabalho e não conseguem mais sobreviver com o salário infantil, e, ao mesmo tempo, não aprenderam nenhum trabalho novo (p. 477 [p. 554-6]).

Dissolução dos *mysteries* ["mistérios" = segredos profissionais] e da ossificação tradicional da manufatura e do artesanato pela grande indústria, que converte o processo de produção em uma aplicação consciente das forças da natureza. Por conseguinte, apenas ela é *revolucionária* em comparação com todas as formas mais antigas (p. 479 [p. 555-8]). Porém, como forma capitalista, ela permite que a divisão ossificada do trabalho *subsista para o trabalhador* e, como ela revoluciona diariamente sua base, o trabalhador sucumbe por causa disso. Em contrapartida, nessa alternância necessária das atividades pelo mesmo trabalhador estão dadas a exigência da maior versatilidade possível de sua parte e as possibilidades da revolução social (p. 480-1 [p. 559-60]).

Friedrich Engels – Resumo de O capital

Necessidade de expandir a legislação fabril a todos os ramos que não são operados em regime fabril (p. 482 e seg. [p. 561]). Lei de 1867 (p. 485 [p. 563]). Minas (notas 486 e seg. [p. 564-70]).

Efeito concentrador das leis fabris, generalização da atividade fabril e, desse modo, da forma clássica da produção capitalista, aguçamento das contradições inerentes a ela, maturação dos elementos revolucionários da velha sociedade e dos elementos de composição da nova sociedade (p. 488-93 [p. 570-1]).

Agricultura. Nesta, a liberação causada pelas máquinas é ainda mais aguda. Substituição do camponês pelo trabalhador assalariado. Aniquilação da manufatura domiciliar rural. Aguçamento dos antagonismos de cidade e campo. Fragmentação e debilitação dos trabalhadores rurais, enquanto os trabalhadores urbanos são concentrados, razão pela qual o salário dos trabalhadores agrícolas caiu ao mínimo. Ao mesmo tempo, rapinagem do *solo*: a coroação do modo de produção capitalista foi solapar a *fonte de toda riqueza*: o solo e o trabalhador (p. 493-6 [p. 571-4]).

V. Outras investigações sobre a produção do mais-valor[9]

---

[9] O manuscrito é interrompido neste ponto. (N. E. A.)

Resenhas

Das Kapital.

Kritik der politischen Oekonomie.

Von

Karl Marx.

Erster Band.

Buch I: Der Produktionsprocess des Kapitals.

Das Recht der Uebersetzung wird vorbehalten.

Hamburg

Verlag von Otto Meissner.

1867.

New-York: L. W. Schmidt. 24 Barclay-Street.

Folha de rosto da primeira edição do Livro I de *O capital*, publicada em Hamburgo, em 1867.

[Resenha do volume I de *O capital* para o jornal *Die Zukunft* [O Futuro][1]][2]

K. Marx. *Das Kapital*, v. I
(Hamburgo, Meißner, 1867), 784 p., *in-octavo*.

Entristece-nos, como povo de pensadores que somos, termos realizado até agora tão pouco no campo de economia política. Nossos luminares nessa disciplina são, na melhor das hipóteses, compiladores como Rau e Röscher e, quando aparece algo original, trata-se de protecionistas como List (o qual, aliás, teria plagiado um francês)[3] ou socialistas como Rodbertus e Marx. Nossa comportada economia política parece mesmo ter assumido a tarefa de jogar nos braços do socialismo todo aquele que trata a ciência econômica com seriedade. Vimos pessoalmente como a economia oficial se atreveu a negar, diante de alguém como Lassalle, a lei conhecida e reconhecida desde tempos muito antigos sobre a determinação do salário do trabalho e como restou a alguém como Lassalle defender pessoas como Ricardo contra Schulze--Delitzsch e outros! Infelizmente é verdade que eles não podiam enfrentar Lassalle em termos científicos e tiveram de engolir a crítica – não importando que grau de reconhecimento tenham merecido seus esforços práticos – de que sua ciência se esgotaria na diluição das harmonias de alguém como Bastiat, que dissimula todos os antagonismos e todas as dificuldades. Bastiat como

---

[1]   Jornal democrático burguês, órgão do Partido do Povo; circulou em 1867 em Königsberg e de 1868 a 1871 em Berlim. Nesse jornal também foi publicado o prefácio ao volume I de *O capital*. (N. E. A.)

[2]   Esta resenha inaugura a série de artigos sobre *O capital* que Engels escreveu no primeiro ano após a publicação do primeiro volume da obra de Marx a fim de romper o silêncio em que a ciência oficial o envolveu. Em carta a Marx datada de 5 de novembro de 1867, o próprio Engels denominou-a "a mais dócil" das resenhas; ele a teria redigido de maneira que pudesse ser publicada por qualquer periódico liberal-nacionalista. Ludwig Kugelmann conseguiu colocá-la no jornal *Die Zukunft*, n. 254, de 30 de outubro de 1867, ainda que "abreviada e mutilada" pela redação do jornal, como observa Engels na mesma carta a Marx. (N. E. A.)

[3]   Referência ao economista burguês François-Louis-Auguste Ferrier e seu escrito *Du gouvernement considéré dans ses rapports avec le commerce* (Paris, Perlet, 1805). (N. E. A.)

Friedrich Engels – Resumo de O capital

autoridade e negação de Ricardo – essa é a nossa economia oficial hoje em dia na Alemanha! Mas como poderia ser diferente? Infelizmente a economia entre nós é um campo pelo qual ninguém se interessa cientificamente, tratando-se de uma disciplina que se estuda por oferecer uma perspectiva rentável, para o exame cameralístico ou por ser um recurso auxiliar para a agitação política que se aprende o mais superficialmente possível. Será que isso se deve à nossa fragmentação estatal, à nossa indústria infelizmente ainda pouco desenvolvida ou à nossa tradicional dependência do exterior nesse ramo da ciência?

Nessas circunstâncias, é sempre motivo de alegria ter em mãos um livro como o acima especificado, no qual o autor remete com indignação a aguada economia ora corrente – ou, como ele a denomina com bastante acerto, a "economia vulgar" – aos seus modelos clássicos – até Ricardo e Sismondi – e, ao mesmo tempo, posiciona-se criticamente em relação a eles, sempre procurando manter-se no caminho da investigação rigorosamente científica. Os escritos anteriores de Marx, principalmente os que foram publicados no ano de 1859 por Duncker em Berlim sobre o sistema monetário[4], já se distinguiam tanto pelo espírito rigorosamente científico quanto pela crítica impiedosa e, pelo que sabemos, até agora nossa economia oficial nada apresentou contra eles. Mas, se não deu conta daqueles escritos, como lidará com essas 49 folhas impressas sobre o capital? Que não nos entendam mal. Não estamos dizendo que as deduções desse livro são incontestáveis, que Marx apresentou provas cabais delas; estamos apenas dizendo que não acreditamos que, entre todos os nossos economistas, haja um que seja capaz de refutá-las. As investigações levadas a cabo nesse livro são da mais alta fineza científica. Referimo-nos sobretudo à estrutura dialética, artística, do conjunto, ao modo como, no conceito de mercadoria, o dinheiro já é apresentado como existente em si, como o capital é desenvolvido a partir do dinheiro. Declaramos que a nova categoria de *mais-valor*, ora introduzida, representa um progresso; que não vislumbramos o que se poderia alegar contra a afirmação de que não é o *trabalho*, mas a *força* de trabalho, que aparece como mercadoria no mercado; que consideramos perfeitamente em ordem a correção que é feita à lei de Ricardo sobre as taxas de lucro (que, em vez de lucro, se deve dizer: mais-valor). Temos de admitir que ficamos bem impressionados com o senso histórico que atravessa todo o livro e impede o seu autor de enxergar as leis econômicas como verdades eternas, como outra coisa que não a formulação das condições de existência de certos estados passageiros da sociedade; que a erudição e a perspicácia com que nele são expostos os diferentes estados históricos da sociedade e suas condições de existência infelizmente serão

---

[4]   Karl Marx, *Zur Kritik der Politischen Oekonomie* (ver *Marx-Engels Werke*, v. 13, Berlim, Dietz, 1961). Nessa obra, Marx se ocupou principalmente dos problemas do dinheiro e da circulação do dinheiro. (N. E. A.)

Resenha do volume I de O capital *para o jornal* Die Zukunft

buscadas em vão nas páginas dos nossos economistas oficiais. Investigações como as que foram feitas sobre as leis e as condições econômicas da escravidão, sobre as diferentes formas de servidão semilivre e de servidão de gleba e sobre o surgimento dos trabalhadores livres são até agora totalmente estranhas aos nossos economistas de ofício. Gostaríamos igualmente de ouvir a opinião desses senhores sobre as exposições feitas aqui sobre a cooperação, a divisão do trabalho e a manufatura, a maquinaria e a grande indústria em seus contextos e efeitos históricos e econômicos; em todo caso, eles poderiam aprender muitas coisas novas a esse respeito. E o que dirão eles em especial sobre o fato – que afronta todas as tradicionais teorias da livre concorrência e que, não obstante, é demonstrado aqui com base em material oficial – de que na Inglaterra, na pátria da livre concorrência, já não existe quase nenhum ramo no qual a jornada de trabalho não seja rigorosamente prescrita por intervenção do Estado e que não seja vigiado por um inspetor de fábrica? E que, não obstante, na medida em que se limita o tempo de trabalho, não só os ramos individuais da indústria prosperam mas também o trabalhador individual fornece mais produto em menos tempo do que antes em mais tempo?

Infelizmente não há como negar que o tom particularmente áspero que o autor adota em relação aos economistas oficiais *alemães* é justificado. Todos se enquadram em maior ou menor grau na "economia vulgar"; eles prostituíram a ciência que praticam por amor da popularidade imediata e negaram seus corifeus clássicos. Falam de "harmonias" e esbaldam-se nas contradições mais banais. Que a dura lição que esse livro lhes dá sirva para despertá-los de sua letargia, que sirva para lembrá-los de que a economia não é só um meio de ganhar a vida, mas também uma ciência que requer um cultivo sério e zeloso.

Escrito em 12 de outubro de 1867.
Conforme o manuscrito.

[Resenha do volume I de *O capital* para a *Rheinische Zeitung* [Gazeta Renana][1]][2]

Karl Marx. *Das Kapital. Kritik der politischen Oekonomie.* v. I: *Der Produktionsprozeß des Kapitals* (Hamburgo, O. Meißner, 1867)

O sufrágio universal acrescentou aos tradicionais partidos do nosso Parlamento um partido novo, o *social-democrata*. Nas últimas eleições para o Reichstag do norte da Alemanha, ele apresentou, na maioria das grandes cidades, em todos os distritos fábris, candidatos próprios e conseguiu eleger seis ou oito deputados. Em comparação com as penúltimas eleições, desenvolveu uma força consideravelmente maior e é de se supor que, pelo menos por enquanto, ainda se encontre em crescimento. Seria loucura continuar tratando com silêncio deferente a existência, a atividade e as doutrinas de um partido como esse em um país no qual o sufrágio universal colocou a decisão final nas mãos das classes mais numerosas e mais pobres.

Ora, por mais que os poucos parlamentares social-democratas estejam divididos entre si e por mais que possam ainda vir a se dividir, deve-se tomar como certo que todas as frações desse partido saudarão esse livro como sua *bíblia teórica*, como a sala de armas da qual tiram seus argumentos mais fundamentais. Somente por essa razão já merece atenção especial. Mas também tem condições de chamar a atenção pelo seu conteúdo. Enquanto a argumentação principal de Lassalle – e, na economia política, Lassalle não passou de um discípulo de Marx – se limitou a repetir a assim chamada lei de Ricardo sobre o salário do trabalho, temos aqui diante de nós uma obra que trata com erudição inegavelmente rara toda a relação entre capital e trabalho em sua conexão com toda a ciência econômica, uma obra cuja finalidade última é "desvelar *a lei econômica do movimento* da sociedade

---

[1]   Jornal diário burguês, publicado de 1863 a 1866 em Düsseldorf e de 1867 a 1874 em Colônia. (N. E. A.)

[2]   Engels escreveu esta resenha para a *Gazeta Renana*, que, no entanto, não a publicou. Entre os redatores do jornal estava também Bürgers, ex-membro da Liga dos Comunistas, que havia aderido aos liberais. (N. E. A.)

Friedrich Engels – Resumo de O capital

moderna"[3] e, ao fazer isso, chega, ao fim de investigações conduzidas de modo evidentemente transparente e com óbvio conhecimento de causa, ao resultado de que todo o "modo de produção capitalista" deve ser abolido. Porém gostaríamos de chamar a atenção para o seguinte: abstraindo das conclusões da obra, o autor apresenta, ao longo dela, toda uma série de pontos-chave da economia sob uma luz totalmente nova e, nesse quesito, em questões puramente científicas, chega a resultados que divergem muito da economia em curso até aqui e que os economistas acadêmicos deverão criticar com seriedade e refutar cientificamente, se não quiserem assistir ao fracasso da doutrina que estão seguindo. No interesse da ciência, é de se desejar que a polêmica sobre esses pontos nos escritos especializados se desenvolva muito em breve.

Marx inicia com a descrição da relação entre mercadoria e dinheiro, mas o essencial sobre isso já se encontrava publicado havia mais tempo em um escrito específico[4]. Daí ele passa a tratar do capital e aqui chegamos já ao ponto culminante de toda a obra. O que é capital? Dinheiro que se transforma em mercadoria para voltar a se transformar de mercadoria em mais dinheiro do que havia originalmente. Ao comprar algodão por 100 táleres e vendê-los por 110 táleres, preservo meus 100 táleres como capital, como valor que valoriza a si próprio. Diante disso, surge a pergunta de onde vêm os 10 táleres que ganho nesse processo? Como se dá a transformação de 100 táleres em 110 táleres por meio do simples intercâmbio duplo? Pois a economia pressupõe que, em todos os intercâmbios, sejam trocados valores iguais. Marx, então, analisa um a um todos os possíveis casos (oscilação do preço das mercadorias etc.) para provar que, com base nos pressupostos dados pela economia, a formação de 10 táleres de *mais-valor* a partir de 100 táleres originais é *impossível*. Ainda assim, esse processo acontece cotidianamente e os economistas ainda não o explicaram. Marx o explica da seguinte maneira: o enigma só se resolve quando encontramos no mercado uma mercadoria de tipo muito específico, uma mercadoria cujo valor de uso consiste em gerar valor de troca. Essa mercadoria existe – é a *força de trabalho*. O capitalista compra a força de trabalho no mercado e faz com que ela trabalhe para ele com a finalidade de voltar a vender seu produto. Portanto, temos de investigar, antes de tudo, a força de trabalho.

Qual é o valor da força de trabalho? De acordo com a conhecida lei: é o valor dos meios de subsistência necessários para manter e reproduzir o trabalhador no modo historicamente constatado em determinado país e determinada época. Admitamos que o trabalhador ganhe como pagamento

---

[3] Karl Marx, *O capital: crítica da economia política*, Livro I: *O processo de produção do capital* (trad. Rubens Enderle, São Paulo, Boitempo, 2013), p. 79. (N. E.)

[4] Karl Marx, *Zur Kritik der Politischen Oekonomie* (ver *Marx-Engels Werke*, v. 13, Berlim, Dietz, 1961). (N. E. A.)

Resenha do volume I de O capital *para a* Rheinische Zeitung

o valor integral de sua força de trabalho. Admitamos, ademais, que esse valor seja representado por um trabalho de seis horas diárias ou *meia jornada de trabalho*. Porém o capitalista afirma ter comprado a força de trabalho equivalente a *um dia inteiro* de trabalho e faz com que o trabalhador trabalhe durante doze horas ou mais. Portanto, ao adquirir doze horas de trabalho, ele obtém o produto de seis horas de trabalho, sem ter pago por ele. Disso Marx conclui o seguinte: *todo mais-valor* – como quer que ele se distribua, seja como lucro do capitalista, seja como renda fundiária, seja como imposto etc. – *é trabalho não remunerado*.

O interesse do fabricante em espremer todos os dias a maior quantidade possível de trabalho não remunerado e o interesse oposto do trabalhador dão origem ao conflito em torno da duração da jornada de trabalho. Em uma ilustração, cuja leitura vale muito a pena, ainda que se estenda por cerca de cem páginas, Marx descreve a evolução desse conflito na grande indústria inglesa, o qual, apesar do protesto dos fabricantes adeptos do livre comércio, terminou no primeiro semestre deste ano [1867] de modo que não só toda a indústria fabril mas também toda a pequena empresa e até toda a indústria domiciliar fossem submetidas às restrições da lei fabril, segundo a qual o tempo de trabalho de mulheres e crianças com menos de dezoito anos de idade – e, desse modo, indiretamente também o dos homens –, nos mais representativos ramos industriais, fosse fixado em no máximo 10½ horas[5]. Ele explica também por que a indústria inglesa não sofreu por causa disso, mas, ao contrário, obteve ganhos: na medida em que o trabalho de cada indivíduo ganhou mais em intensidade do que perdeu em duração.

Porém o mais-valor ainda pode ser aumentado de outro modo que não a extensão do tempo de trabalho além do tempo necessário para a produção dos meios de subsistência ou geração de seu valor. Em uma jornada de trabalho dada, digamos de 12 horas, estão contidas, segundo a suposição anterior, seis horas de trabalho para a produção necessária e seis horas de trabalho para a produção de mais-valor. Ora, caso se consiga algum meio de reduzir o tempo de trabalho necessário para cinco horas, restam sete horas para a produção de mais-valor. Isso pode ser obtido abreviando-se o tempo de trabalho necessário para a produção dos meios de subsistência, em outras palavras, pelo barateamento dos meios de subsistência e isso, por sua vez, apenas pelos melhoramentos na produção. Nesse ponto, Marx volta a apresentar uma minuciosa ilustração, investigando e descrevendo as três principais alavancas pelas quais são levados a termo esses melhoramentos: 1) a *cooperação* ou multiplicação das forças que surge da ação conjunta simultânea e planejada de muitas pessoas; 2) a *divisão do trabalho* no formato assumido

---

[5]   Trata-se da lei aprovada em 15 de agosto de 1867 para a extensão das leis fabris aos novos ramos industriais. (N. E. A.)

Friedrich Engels – Resumo de O capital

por ela na época da manufatura propriamente dita (ou seja, até cerca de 1770); e, por fim, 3) a *maquinaria,* com ajuda da qual a grande indústria se desenvolveu desde aquele tempo. Essas descrições despertam igualmente grande interesse e mostram um admirável conhecimento de causa que chega ao detalhe tecnológico[6]...

Não podemos entrar aqui nos detalhes das investigações sobre o mais--valor e o salário do trabalho. Para evitar mal-entendidos, observamos apenas que Marx prova, por meio de grande quantidade de citações, que a economia acadêmica não desconhece o fato de que o salário do trabalho é menor do que a totalidade do produto do trabalho. É de se esperar que seu livro proporcione a esses senhores a ocasião de nos oferecer maiores esclarecimentos sobre esse ponto deveras estranho. Deve-se enaltecer o fato de que todas as provas factuais citadas por Marx foram extraídas das melhores fontes, na maioria das vezes de relatórios oficiais do Parlamento. Aproveitamos a oportunidade para apoiar a solicitação feita indiretamente pelo autor no prefácio ao seu livro: mandar investigar a fundo, também na Alemanha, por meio de comissários do governo – que, porém, não devem ser burocratas com ideias preconcebidas –, as condições dos trabalhadores nas diversas indústrias e apresentar os relatórios ao Reichstag e ao público.

O volume I termina com o tratado da acumulação do capital. Esse ponto já foi objeto de vários escritos, embora tenhamos de admitir que também aqui há algumas coisas novas e as antigas são iluminadas por novos ângulos. O ponto mais característico é a tentativa de provar que, ao lado da concentração e da acumulação do capital e seguindo seu ritmo, há a acumulação de uma população excedente de trabalhadores e que as duas coisas acabarão por tornar tão necessária quanto possível uma revolução social.

Independentemente do que pense o leitor das concepções socialistas do autor do livro, acreditamos ter mostrado a ele, nas linhas precedentes, que, nesse caso, está diante de um escrito muito superior à literatura social-democrata corrente. Acrescentamos que, com exceção das questões densamente dialéticas das primeiras quarenta páginas, o livro é de fácil compreensão, a despeito de todo o seu rigor científico, e foi redigido de maneira a despertar o interesse pelo estilo literário sarcástico, que não poupa ninguém.

Escrito em 12 de outubro de 1867.
Conforme o manuscrito.

---

[6] Termina neste ponto a página do manuscrito; falta a página seguinte, na qual evidentemente foi analisado o mais-valor e o salário do trabalho. (N. E. A.)

[Resenha do volume I de *O capital* para a *Elberfelder Zeitung* [Gazeta de Elberfeld][1]]

[*Elberfelder Zeitung*, n. 302, 2 nov. 1867]

Karl Marx sobre o capital
(Hamburgo, Otto Meißner, v. I, 1867)

Cinquenta folhas de impressão contendo um tratado erudito para provar que todo o capital dos nossos banqueiros, comerciantes, fabricantes e grandes proprietários de terras nada mais é que trabalho acumulado e não pago da classe trabalhadora! Lembramo-nos de que, no ano de 1849, a *Neue Rheinische Zeitung* [*Nova Gazeta Renana*] apresentou, em nome dos camponeses silesianos, a reivindicação de "um bilhão silesiano"[2]. Um bilhão de táleres, assim se afirmava, seria o valor surrupiado ilegalmente só dos camponeses silesianos e desviado para os bolsos dos grandes proprietários de terras por ocasião da abolição da servidão e dos serviços feudais, e exigia-se a devolução desse montante. Porém os senhores da antiga *Nova Gazeta Renana* são como a bem--aventurada Sibila com seus livros; quanto menos se oferece a eles mais eles pedem. Que representa um bilhão de táleres diante da colossal exigência de devolução que agora é feita em nome de toda a classe trabalhadora – pois é assim que devemos entender o que está sendo dito! Se todo o capital acumulado das classes possuidoras não passa de "trabalho não remunerado", a conclusão diretamente decorrente disso parece ser que esse trabalho será posteriormente pago, isto é, que todo o capital em questão será transferido para o trabalho. Nesse caso, todavia, a primeira questão ainda por tratar seria referente a saber a *quem* competiria receber esse capital. Mas falando sério!

---

[1] Jornal diário publicado de 1834 a 1904 em Elberfeld. Na década de 1860, era órgão da burguesia liberal. Quem repassou esta resenha para a *Elberfelder Zeitung* foi Karl Siebel. (N. E. A.)

[2] A *Nova Gazeta Renana* publicou, nos números 252, 255, 256, 258, 264, 270-2 e 281, de 22 de março a 25 de abril de 1849, o "bilhão silesiano", uma série de artigos de Wilhelm Wolff, grande amigo e companheiro de lutas de Marx e Engels. Em 1886, esses artigos foram publicados em forma de livro, com algumas modificações e prefácio de Engels (ver Wilhelm Wolff, *Die schlesische Milliarde*, edição a partir da *Nova Gazeta Renana* de março a abril de 1849; introdução de Friedrich Engels, Hottingen-Zurique, Volksbuchhandlung, 1886). (N. E. A.)

Friedrich Engels – Resumo de O capital

Por mais que o presente livro adote um procedimento socialista radical, por mais ríspido e implacável que seja no trato com todas as pessoas que de resto são tidas como autoridades, ainda assim devemos admitir que se trata de um trabalho sumamente erudito e com pretensão de rigorosa cientificidade. A imprensa já noticiou com alguma frequência que Marx pretendia sintetizar os resultados de seus longos anos de estudos em uma crítica a toda a economia política em voga até agora e, desse modo, dar às aspirações socialistas a base científica que até agora nem Fourier nem Proudhon e nem sequer Lassalle puderam lhes dar. Esse trabalho já foi anunciado há muito tempo e muitas vezes na imprensa. Em 1859, a editora Duncker de Berlim publicou um "primeiro caderno"[3], o qual, no entanto, discorreu apenas sobre matérias que não despertavam nenhum interesse diretamente prático e que, por conseguinte, pouco chamou a atenção. Os cadernos seguintes não vieram a público e pareceu que a nova ciência socialista não sobreviveria às dores do parto. Quantas piadas foram feitas sobre essa nova revelação, que tantas vezes foi anunciada e parecia jamais querer vir ao mundo! Pois bem, aqui está finalmente o "primeiro volume" – cinquenta folhas impressas, como já foi dito – e ninguém poderá dizer que seu conteúdo não é suficientemente novo e até mesmo muito novo, ousado e intrépido, nem que não foi apresentado em um formato perfeitamente científico. Dessa vez, Marx não apela para as massas com suas sentenças insólitas, mas para os homens da ciência. São eles que devem agora defender as leis de suas teorias econômicas, cujos fundamentos são questionados aqui, fornecer a prova de que o capital é trabalho acumulado, mas não é trabalho acumulado *não pago*. Lassalle foi um agitador prático e talvez seja suficiente confrontá-lo na agitação prática, na imprensa diária, nas assembleias. Porém agora se trata de uma teoria científica, sistemática, e aqui a imprensa diária não tem poder de decisão, aqui só a ciência pode dar a última palavra. É de se esperar que pessoas como Röscher, Rau, Max Wirth etc. aproveitem a oportunidade para defender o direito da economia política – reconhecida de modo geral até agora – contra esse ataque novo e certamente não desprezível. A semente social-democrata brotou na geração mais nova e na população trabalhadora em vários lugares – de qualquer modo ela encontrará neste livro alimento suficiente para crescer.

Escrito em 22 de outubro de 1867.

---

[3] Karl Marx, *Zur Kritik der Politischen Oekonomie* (ver *Marx-Engels Werke*, v. 13, Berlim, Dietz, 1961). (N. E. A.)

[Resenha do volume I de *O capital* para a *Düsseldorfer Zeitung* [Gazeta de Düsseldorf][1]]

[*Düsseldorfer Zeitung*, n. 316, 17 nov. 1867]

Karl Marx. *Das Kapital. Kritik der politischen Oekonomie.*
v. I (Hamburgo, Meißner, 1867).

Esse livro desapontará deveras alguns leitores. Há anos um grupo muito específico tem-se referido à sua publicação. Nele finalmente seria revelada a doutrina secreta e a panaceia do socialismo, e há quem tenha imaginado, quando afinal o viu anunciado, que ficaria sabendo como será o reino milenar comunista. Quem se preparou para tal diversão errou feio. De qualquer modo, ficará sabendo como as coisas não devem ser, e isso lhe é explicitado com evidente rispidez ao longo de 784 páginas, e quem tiver olhos para ver verá que está sendo apontada, de modo suficientemente claro, a exigência de uma revolução social. Aqui não se trata de associações de trabalhadores com o capital estatal, como outrora em Lassalle; aqui se trata da *abolição do capital em geral.*

Marx é e continua sendo o mesmo revolucionário de sempre e decerto seria a última pessoa a ocultar suas intenções nesse sentido em um escrito científico. Mas como será após a revolução social – sobre isso ele só nos dá indicações obscuras. Ficamos sabendo que a grande indústria "amadurece as contradições e os antagonismos de sua forma capitalista [do processo de produção] e, assim, ao mesmo tempo, os elementos criadores de uma nova sociedade e os fatores que revolucionam a sociedade velha" e, ademais, que a abolição da forma capitalista de produção "restabelece [...] a propriedade individual sobre a base daquilo que foi conquistado na era capitalista, isto é, sobre a base da cooperação e da posse comum da terra e dos meios de produção produzidos pelo próprio trabalho"[2].

---

[1] Jornal diário publicado de 1826 a 1926 em Düsseldorf. Nas décadas de 1840 a 1860, representou uma tendência liberal. Quem repassou esta resenha para a *Düsseldorfer Zeitung* foi Karl Siebel. (N. E. A.)

[2] Karl Marx, *Das Kapital*, v. I, p. 745 [ed. bras.: *O capital: crítica da economia política*, Livro I: *O processo de produção do capital* (trad. Rubens Enderle, São Paulo, Boitempo, 2013), p. 571 e 832]. (N. E. A.)

Friedrich Engels – Resumo de O capital

Temos de nos contentar com isso e, a julgar pelo volume que temos em mãos, o segundo e terceiro volumes prometidos dessa obra decerto também não nos oferecerão muita coisa sobre essa interessante questão. Desta vez teremos de nos contentar justamente com a *Crítica da economia política* e, assim, adentrar um campo muito vasto. Aqui, naturalmente, não poderemos entrar em ponderações científicas sobre as extensas deduções levadas a termo no volumoso livro; tampouco conseguiremos reproduzir sucintamente as sentenças principais nele propostas. Todas as doutrinas básicas mais ou menos conhecidas da teoria socialista se reduzem a esta: na sociedade atual, o trabalhador não ganha o valor cheio do produto de seu trabalho. Essa sentença também constitui o fio condutor dessa obra, salvo que ela é formulada com uma precisão muito maior, investigada de modo coerente em todas as suas consequências e entretecida muito mais estreitamente com as sentenças principais da economia política ou mais diretamente contraposta a estas do que havia sido até o momento. Essa parte da obra se distingue vantajosamente por sua tentativa de rigor científico, em comparação com todas as obras anteriores desse tipo que conhecemos, e nota-se que o autor leva a sério não só sua teoria mas também a ciência em geral.

O que nos chamou especialmente a atenção nesse livro foi que o autor não concebe as sentenças da economia política, como acontece de costume, como verdades eternamente válidas, mas como resultado de desenvolvimentos históricos bem determinados. Se até mesmo a ciência natural se tem transformado cada vez mais em ciência histórica – comparem-se a teoria astronômica de Laplace, toda a geologia e os escritos de Darwin –, a economia política era até agora uma ciência geral tão abstrata e universalmente válida quanto a matemática. Independentemente do destino das demais afirmações desse livro, consideramos um mérito perpétuo de Marx ter posto fim a essa concepção tacanha. Depois desse livro não será mais possível, por exemplo, passar economicamente pelo mesmo crivo o trabalho escravo, a corveia e o trabalho assalariado livre, ou aplicar sem mais nem menos às condições da Antiguidade ou às guildas da Idade Média leis válidas para a grande indústria atual, que é determinada pela livre concorrência, ou, quando essas leis modernas não servem para as condições antigas, simplesmente declarar heréticas as condições antigas. Entre todos os povos, os alemães têm o senso histórico mais apurado, sendo quase os únicos a tê-lo, e isso combina muito bem com o fato de ser novamente um alemão a comprovar os nexos históricos também no âmbito da economia política.

Escrito entre 3 e 8 de novembro de 1867.

[Resenha do volume I de *O capital* para o jornal *Der Beobachter* [O Observador]¹]

Karl Marx. *Das Kapital. Kritik der politischen Oekonomie.*
v. I (Hamburgo, Meißner, 1867)

Independentemente do que se pense da tendência do presente livro, acreditamos poder dizer que ele figura entre as realizações que honram o espírito alemão. É sintomático que seu autor seja um prussiano, mas um prussiano renano, que até bem pouco tempo atrás fazia questão de se declarar um "prussiano por obrigação [*Musspreußen*]" e, ademais, um prussiano que passou as últimas décadas no exílio, longe da Prússia. A própria Prússia deixou há muito de ser uma terra de iniciativa científica, sendo esta impossível ali, especialmente nas disciplinas da história, da política ou da sociedade. Podemos dizer que ela representa o espírito russo, mais do que o alemão.

Quanto ao livro em si, é preciso distinguir claramente as duas partes muito díspares que o compõem, ou seja, as consistentes explicações assertivas que ele desenvolve e as conclusões tendenciosas que o autor tira delas. As primeiras constituem, em grande parte, um enriquecimento direto da ciência. Nelas, o autor trata das relações econômicas por um método materialista e histórico--natural totalmente novo. Referimo-nos à exposição do sistema monetário e à demonstração extensa e muito competente da forma como evoluem naturalmente, uma a partir da outra, as sucessivas formas da produção industrial, ou seja, a cooperação, a divisão do trabalho e, a partir desta, a manufatura em sentido estrito e, por fim, a maquinaria, a grande indústria, as combinações e as relações sociais que correspondem a elas.

Ora, no que diz respeito à tendência do autor, podemos distinguir também nesse ponto duas linhas de raciocínio. Ele se empenha em demonstrar que a sociedade atual, considerada do ponto de vista econômico, está prenhe de outra forma social mais elevada e esforça-se, na mesma medida, para apresentar

---

¹ Nesta resenha, Engels aproveitou algumas indicações da carta de Marx datada de 7 de dezembro de 1867. Ela foi publicada por intermediação de Ludwig Kugelmann no n. 303 do jornal *Der Beobachter* de 27 de dezembro de 1867. (N. E. A.)

Friedrich Engels – Resumo de O capital

como lei para o âmbito social o mesmo processo gradual de transformação que Darwin provou para a história da natureza. De fato, essa mudança gradual nas relações sociais ocorre desde a Antiguidade até hoje, passando pela Idade Média, e, pelo que sabemos, até agora nenhum segmento científico afirmou seriamente que Adam Smith e Ricardo deram a última palavra no que se refere ao desenvolvimento futuro da sociedade atual. Pelo contrário, a doutrina liberal do progresso inclui também o progresso no campo social, e figura entre os pretensos paradoxos dos assim chamados socialistas fazer de conta que têm exclusividade sobre o progresso social. Diante dos socialistas de sempre, é preciso conceder a Marx o mérito de que ele também demonstra um progresso em que o desenvolvimento extremamente unilateral das condições atuais vem acompanhado de consequências diretamente dissuasivas. É o que ele faz sempre que expõe os extremos de riqueza e pobreza etc. resultantes do sistema fabril global. Precisamente por meio dessa concepção crítica do objeto, o autor forneceu – certamente contra a sua vontade – os argumentos mais fortes contra todo o socialismo de ofício.

Algo bem diferente sucede com a tendência, com as conclusões subjetivas do autor, com o modo como ele expõe para si e para outros o resultado final do atual processo de desenvolvimento social. Essa tendência não tem nada a ver com o que denominamos a parte assertiva do livro; de fato, se o espaço nos permitisse entrar nesse tema, talvez pudéssemos mostrar que esses caprichos *subjetivos* são refutados por seu próprio desenvolvimento *objetivo*.

Enquanto todo o socialismo de Lassalle consistiu em xingar os capitalistas e bajular a nobreza rural prussiana [*Krautjunker*], deparamo-nos aqui com o exato oposto. O senhor Marx demonstra expressamente a necessidade histórica do modo de produção capitalista, que é como ele chama a atual fase social, bem como a natureza supérflua da nobreza rural meramente consumidora e proprietária de terras. Enquanto Lassalle tem grandes ideias sobre a vocação de Bismarck de inaugurar o reino socialista de mil anos, o senhor Marx desautoriza em alto e bom som o seu aluno desnaturado. Ele não só declarou expressamente que não tem nada a ver com um "socialismo do governo real prussiano" como chega a dizer, nas páginas 762 e seguintes, que, o sistema atualmente reinante na França e na Prússia, se não for detido a tempo, em pouco tempo terá como consequência a dominação da chibata russa sobre a Europa.

Observamos, por fim, que aqui só pudemos considerar os traços principais desse volumoso livro; haveria muito mais a considerar quanto aos seus pormenores, mas temos de nos abster no momento, pois é para esse fim que temos um número suficiente de revistas especializadas que certamente se debruçarão sobre essa notável publicação.

Escrito em 12-13 de dezembro de 1867.
Conforme o manuscrito.

[Resenha do volume I de *O capital* para o *Gewerbeblatt aus Württemberg* [Jornal do Comércio][1]]

[*Gewerbeblatt aus Württemberg*, n. 306, 27 dez. 1867]

Karl Marx. *Das Kapital. Kritik der politischen Oekonomie.*
v. I (Hamburgo, Meißner, 1867)

O motivo pelo qual nos interessamos pela obra acima citada certamente não é a tendência especificamente socialista que o autor declara abertamente já no prefácio.

Ela nos interessa porque, afora essa tendência, ela contém desenvolvimentos científicos e material factual que merecem toda a nossa atenção. Não abordaremos aqui a sua parte científica, dado que nos desviaríamos de nossos propósitos, e nos limitaremos ao meramente factual.

Acreditamos que não exista nenhuma obra – em língua alemã ou estrangeira – que faça uma síntese tão clara e completa dos princípios analíticos da história da indústria moderna desde a Idade Média até os dias de hoje como a que é feita nas páginas 302-495[2] desse livro, nos seguintes três capítulos: Cooperação, Manufatura e Grande indústria. Cada aspecto individual do progresso industrial é tratado no lugar que lhe cabe por merecimento e, mesmo que a tendência específica transpareça aqui e ali, é preciso fazer justiça ao autor, reconhecendo que em lugar nenhum ele modela os fatos de acordo com a sua teoria, mas, ao contrário, procura expor sua teoria como resultado dos fatos. Ele sempre extraiu esses fatos das melhores fontes e, no que se refere ao estado de coisas mais recente, de fontes tão autênticas quanto desconhecidas na Alemanha: os relatórios do Parlamento inglês. Empreendedores alemães que não contemplam sua indústria apenas do ponto de vista do lucro cotidiano, mas como um elo essencial no grande

---

[1] Semanário, órgão do comércio e da indústria alemã, publicado a partir de 1849 em Stuttgart. Esta resenha foi publicada por intermediação de Ludwig Kugelmann. O presente texto tem por base a publicação no jornal cotejada com o texto manuscrito. (N. E. A.)

[2] Ver *Marx-Engels Werke*, v. 23 (Berlim, Dietz, 1962), p. 341-530 [ed. bras.: *O capital: crítica da economia política*, Livro I: *O processo de produção do capital* (trad. Rubens Enderle, São Paulo, Boitempo, 2013), p. 397-576]. (N. E. A.)

Friedrich Engels – Resumo de O capital

desenvolvimento industrial moderno de todos os países e, por conseguinte, interessam-se também pelo que não faz parte diretamente de seu ramo de negócios, encontrarão aqui uma rica fonte de ensinamentos e nos agradecerão por termos chamado sua atenção para ela. Pois há muito já se passou o tempo em que cada ramo de negócios existia única e tacitamente para si mesmo; hoje todos dependem uns dos outros e dos avanços que são obtidos tanto em países distantes quanto nos locais mais próximos, bem como da conjuntura oscilante do mercado mundial. E, se proximamente os novos acordos aduaneiros[3] acarretarem uma redução da proteção praticada até aqui, o que é bem possível, isso exigirá de todos os nossos fabricantes que se inteirem da história da nova indústria em geral, para que aprendam a melhor maneira de se comportar diante de tais mudanças. A formação superior que repetidamente salvou os alemães, apesar da fragmentação política, seria também nesse caso a arma mais eficiente que se pode empregar contra o inglês grosseiramente materialista.

Isso nos leva a outro ponto. Com a nova legislação aduaneira, logo chegará o momento em que os próprios fabricantes exigirão que as fábricas dos estados que integram a aliança aduaneira tenham a mesma regulamentação do tempo de trabalho. Seria injusto se, em um estado, o tempo de trabalho, principalmente o de crianças e mulheres, estivesse totalmente a critério do fabricante, ao passo que, em outro estado, estivesse sujeito a restrições essenciais. Dificilmente será possível evitar um entendimento em torno de determinações comuns nesse tocante, sobretudo se houver realmente uma redução das tarifas aduaneiras. Porém, nesse sentido, temos na Alemanha experiências absolutamente insuficientes, ou seja, quase nenhuma, e dependemos inteiramente das lições que pudermos extrair da legislação de outros países, principalmente da Inglaterra, e de seus resultados. E, nesse ponto, o autor prestou um grande serviço à indústria alemã ao apresentar a história da legislação fabril inglesa e de seus resultados da maneira mais detalhada possível, segundo os documentos oficiais. (Ver as páginas 207-81 e 399-496[4] e diversas outras passagens.) Todo esse aspecto da história da indústria inglesa é praticamente desconhecido na Alemanha, e as pessoas se surpreenderão quando souberem que, depois de um ato do Parlamento [inglês] do ano em curso ter submetido ao controle governamental nada menos que 1½ bilhão de trabalhadores, agora não só quase todo o trabalho industrial mas também a maior parte do trabalho domiciliar e uma parte do trabalho rural na Inglaterra encontram-se sob a supervisão dos funcionários públicos e sofrem uma limitação direta ou indireta de tempo. Exortamos

---

[3] Os *novos acordos aduaneiros*, firmados em 16 de maio de 1865 e 8 de julho de 1867, visavam à promoção do livre-comércio. (N. E. A.)

[4] Ver *Marx-Engels Werke*, v. 23, cit., p. 254-320 e 431-530 [ed. bras.: *O capital*, cit., p. 317-74 e 491-574]. (N. E. A.)

Resenha do volume I de O capital *para o* Gewerbeblatt aus Württemberg

nossos fabricantes a não se deixarem abalar pela tendência do livro e a estudá-lo seriamente, em especial essa parte; cedo ou tarde, eles certamente serão confrontados com essa questão!

Escrito em 12-13 de dezembro de 1867.

[Resenha do volume I de *O capital* para a *Neue Badische Landeszeitung* [Novo Jornal de Baden][1]]

[*Neue Badische Landeszeitung*, n. 20, 21 jan. 1868]

Karl Marx. *Das Kapital. Kritik der politischen Oekonomie.*
v. I (Hamburgo, Meißner, 1867)

Temos de deixar que outros se ocupem da parte teórica e rigorosamente científica dessa obra e critiquem a nova visão que o autor oferece da gênese do capital. Mas não podemos deixar de chamar a atenção para o fato de que ele põe à nossa disposição, ao mesmo tempo, um grande volume de material histórico e estatístico valiosíssimo, o qual é extraído, quase sem exceção, de relatórios oficiais produzidos por comissões parlamentares e apresentados ao Parlamento inglês. Com toda a razão ele acentua a importância de tais comissões para a investigação das condições sociais internas de um país. Elas constituem a melhor maneira – caso se encontrem as pessoas certas para compô-las – de um povo conhecer a si mesmo; e o senhor Marx pode muito bem estar certo ao dizer que, investigações parecidas, caso sejam feitas na Alemanha, chegarão a resultados que certamente nos assustarão. Pois, antes delas, nenhum inglês tinha noção da situação em que se encontrava a classe mais pobre do seu país!

Aliás, é óbvio que, sem tais investigações, toda legislação social se fará, como se diz hoje na Baviera, com meio conhecimento de causa e muitas vezes totalmente às cegas. Os assim chamados "levantamentos de dados" e "apurações" feitos pelas autoridades alemãs não possuem nem de longe o mesmo valor. Conhecemos de sobejo a rotina burocrática: as autoridades enviam formulários a esmo e ficam satisfeitas quando eles retornam preenchidos de alguma forma; a informação a que se visa com o preenchimento do formulário é muito frequentemente buscada exatamente de quem tem interesse em escamotear a verdade. Comparem-se com isso, por exemplo, as investigações das comissões inglesas sobre as condições de trabalho em ramos individuais de negócio. Elas interrogam não somente os fabricantes e

---

[1] Jornal diário burguês de tendência democrática; foi publicado de 1867 a 1933 em Mannheim. A publicação desta resenha foi intermediada por Karl Siebel. (N. E. A.)

Friedrich Engels – Resumo de O capital

mestres mas todos os trabalhadores, até a última menininha, e não somente eles mas também médicos, juízes de paz, religiosos, professores de escola e toda e qualquer pessoa que, de alguma forma, possa dar informações sobre o objeto em estudo. Cada pergunta e cada resposta são estenografadas e impressas textualmente, e o relatório da comissão produzido a partir delas, com suas conclusões e solicitações, é anexado ao restante do material. Portanto, o relatório e seu material também comprovam em detalhes se e como os membros das comissões cumpriram seu dever e dificultam consideravelmente toda e qualquer parcialidade dos indivíduos. Mais detalhes, bem como uma quantidade incontável de exemplos, podem ser conferidos no livro citado na epígrafe. Queremos ressaltar apenas um ponto, a saber, que na Inglaterra a expansão da liberdade de comércio e indústria é acompanhada pela extensão da redução legal da jornada de trabalho para crianças e mulheres e, desse modo, pela supervisão de quase todas as indústrias pelo governo. O senhor Marx nos oferece uma exposição histórica detalhada dessa evolução: descreve como primeiramente o tempo de trabalho nas fiações e tecelagens foi reduzido para doze horas diárias a partir de 1833; como, após uma longa luta entre fabricantes e trabalhadores, o tempo de trabalho foi finalmente fixado em 10½ horas – 6½ horas para crianças – e como, a partir de 1850, um ramo industrial após o outro foi submetido a essa lei fabril. Primeiro (já em 1845) as estamparias de chita, em 1860 as tinturarias e branquearias, em 1861 as fábricas de renda e meias, em 1863 as olarias, fábricas de tapetes etc. e, por último, em 1867, quase todos os demais ramos importantes da indústria. Pode-se ter uma noção da importância dessa última lei de 1867 quando se toma conhecimento de que ela submete à proteção e ao controle da lei o trabalho de nada menos que *um milhão e meio* de mulheres e crianças. Destacamos esse ponto em especial porque, no que se refere a ele, a situação global entre nós, na Alemanha, infelizmente é muito ruim e devemos agradecer ao autor por tê-lo tratado de maneira tão minuciosa e tê-lo tornado pela primeira vez acessível ao público alemão. Todo filantropo compartilhará dessa opinião, independentemente do que pense dos enunciados teóricos do senhor Marx.

O espaço disponível aqui não nos permite abordar ainda outro material valioso da história da indústria e da agricultura, mas a nossa opinião é que quem estiver interessado em economia política, indústria, condições dos trabalhadores, história da cultura e legislação social, qualquer que seja sua posição, não poderá deixar de ler esse livro.

Escrito na primeira quinzena de janeiro de 1868.

[Resenha do volume I de *O capital* para o *Demokratisches Wochenblatt* [Semanário Democrático][1]]

[*Demokratisches Wochenblatt*, n. 12, 21 mar. 1868]

O capital de Marx[2]

I

Desde que há capitalistas e trabalhadores no mundo, não surgiu nenhum livro que tivesse tanta importância para os trabalhadores quanto esse. Nele, a relação entre capital e trabalho, o pivô em torno do qual se move todo o nosso atual sistema social, foi explicitada cientificamente pela primeira vez, e isso com uma profundidade e argúcia só possíveis a um alemão. Por mais valiosos que sejam e continuarão sendo os escritos de um Owen, um Saint-Simon ou um Fourier, foi reservado a um alemão galgar os píncaros de onde se avista de modo claro e panorâmico todo o território das relações sociais modernas, do mesmo modo que as áreas mais baixas da paisagem montanhosa se descortinam diante do espectador postado no cume mais alto.

A economia política praticada até agora nos ensina que o trabalho é a fonte de toda riqueza e a medida de todos os valores, de modo que dois objetos cuja produção tenha custado o mesmo tempo de trabalho também possuem o mesmo valor e, dado que, em média, só valores iguais são passíveis de

---

[1] Jornal de trabalhadores, publicado de janeiro de 1868 até setembro de 1869 em Leipzig, tendo Wilhelm Liebknecht como redator. A partir de dezembro de 1868, tornou-se órgão da União das Associações de Trabalhadores Alemães, liderado por August Bebel. No início, o jornal esteve em certa medida sob a influência pequeno-burguesa do Partido do Povo, mas, graças aos esforços de Marx e Engels, logo começou a travar a batalha contra o lassalleanismo, a propagar as ideias da Internacional e a imprimir seus documentos mais importantes. O *Demokratisches Wochenblatt* desempenhou um papel importante na fundação do Partido Social-Democrata dos Trabalhadores. No Congresso de Eisenach, em 1869, foi declarado o órgão central do partido e renomeado como *Der Volksstaat* [O Estado do Povo]. Esta resenha foi republicada em *Der Volksstaat*, n. 28 e 29, em 5 e 8 de abril de 1871. (N. E. A.)

[2] Karl Marx, *Das Kapital. Kritik der politischen Oekonomie*. v. I: *Der Produktionsprozeß des Kapitals* (Hamburgo, O. Meißner, 1867). (N. E. A.)

Friedrich Engels – Resumo de O capital

troca, eles devem ser trocados um pelo outro. Porém, concomitantemente, ela ensina que existe uma espécie de trabalho acumulado, que ela denomina capital, e que esse capital, valendo-se de fontes auxiliares nele contidas, multiplica por cem e por mil a produtividade do trabalho vivo e pede, em troca, certa compensação, que é denominada lucro ou ganho. Como todos sabemos, na realidade isso se apresenta de tal maneira que os lucros do trabalho acumulado, sem vida, vão tornando-se cada vez mais maciços, os capitais dos capitalistas, cada vez mais colossais, ao passo que o salário do trabalho vivo vai ficando cada vez menor, a massa dos trabalhadores que vivem somente do salário do trabalho é cada vez mais numerosa e cada vez mais pobre. Como resolver essa contradição? Como pode sobrar lucro para o capitalista, se o trabalhador obtém a reposição do valor integral do trabalho que ele adiciona ao seu produto? E esse deveria ser o caso, já que somente valores iguais são trocados. Em contrapartida, como é possível que somente valores iguais possam ser trocados, como é possível que o trabalhador receba o valor integral do seu produto, se, como admitem muitos economistas, esse produto é dividido entre ele e o capitalista? A economia praticada até o momento se encontra perplexa diante dessa contradição, escrevendo ou balbuciando frases confusas e sem sentido. Os próprios críticos socialistas da economia até agora não foram capazes de fazer mais do que ressaltar a contradição; ninguém a tinha solucionado, até que finalmente Marx seguiu o processo de gênese desse lucro até o seu berço e, desse modo, conseguiu esclarecer tudo.

No desenvolvimento do capital, Marx parte do fato simples e notório de que os capitalistas valorizam seu capital mediante o intercâmbio: eles compram mercadoria com dinheiro e depois a vendem por mais dinheiro do que ela lhes custou. Por exemplo, um capitalista compra algodão por 1.000 táleres e o vende por 1.100 táleres, "ganhando", portanto, 100 táleres. Marx denomina *mais-valor* esse excedente de 100 táleres do capital original. De onde surge esse mais-valor? De acordo com a assunção dos economistas, somente valores iguais são trocados, e isso está correto no campo da teoria abstrata. Portanto, a compra de algodão e sua revenda não podem gerar mais-valor, do mesmo modo que a troca de um táler de prata por trinta tostões de prata e a troca inversa dos tostões de prata pelo táler de prata não geram mais-valor, e ninguém fica mais rico nem mais pobre com isso. Porém o mais-valor não pode surgir do fato de os vendedores venderem as mercadorias acima do seu valor ou os compradores as comprarem abaixo do seu valor, porque cada qual é ora comprador ora vendedor, e tudo voltaria a se igualar. Tampouco pode advir do fato de compradores e vendedores se ludibriarem mutuamente, pois isso não geraria nenhum valor novo ou mais-valor, mas apenas distribuiria o capital existente de outra maneira entre os capitalistas. Apesar de comprar as mercadorias pelo seu valor e vendê-las pelo seu valor, o capitalista consegue extrair delas mais valor do que pôs nelas. Como se dá isso?

Resenha do volume I de O capital *para o* Demokratisches Wochenblatt

Sob as relações sociais atuais, o capitalista encontra no mercado de mercadorias *uma mercadoria* cuja constituição peculiar é que *seu uso é fonte de valor novo, criação de valor novo,* e essa mercadoria é *a força de trabalho.*

Qual é o valor da força de trabalho? O valor de toda mercadoria é medido pelo trabalho requerido para a sua confecção. A força de trabalho existe na forma do trabalhador vivo que necessita de determinada quantidade de meios de subsistência para a sua existência e o sustento da sua família, a qual assegura a continuidade da força de trabalho após a sua morte. Portanto, o tempo de trabalho necessário para a produção desses meios de subsistência representa o valor da força de trabalho. O capitalista paga semanalmente e compra por esse valor o uso do trabalho semanal do trabalhador. Até este ponto os senhores economistas estarão mais ou menos de acordo conosco a respeito do valor da força de trabalho.

Então o capitalista põe seu trabalhador a trabalhar. Em um tempo determinado o trabalhador terá fornecido a quantidade de trabalho representado por seu salário semanal. Visto que o salário semanal de um trabalhador representa três dias de trabalho, o trabalhador que começa a trabalhar na segunda-feira terá compensado *o valor integral do salário pago* a ele pelo capitalista ao anoitecer da quarta-feira. Ele para de trabalhar nesse momento? De modo nenhum. O capitalista comprou dele uma *semana* de trabalho e o trabalhador tem de trabalhar também durante os três últimos dias da semana. Esse *mais-trabalho* do trabalhador para além do tempo necessário para repor o seu salário é *a fonte do mais-valor,* do lucro, do inchaço crescente do capital.

Não se diga que se trata de uma presunção arbitrária afirmar que o trabalhador repõe em três dias o salário que ele recebeu e trabalha os três dias restantes para o capitalista. Se ele precisa de exatamente três dias para repor seu salário, ou somente dois ou até quatro, é totalmente indiferente neste ponto e esse tempo varia conforme as circunstâncias; porém a questão principal é que o capitalista, além do trabalho que ele paga, ainda extrai trabalho que ele *não paga,* e isso não é uma presunção arbitrária, pois no dia em que o capitalista conseguisse tirar do trabalhador apenas a quantidade de trabalho que ele lhe paga em salário, nesse dia ele fecharia as portas de sua fábrica, pois deixaria precisamente de lucrar.

Temos aí a solução de todas aquelas contradições. A gênese do mais--valor (do qual o lucro do capitalista constitui parte considerável) passa a ser muito clara e natural. O valor da força de trabalho é pago, mas esse valor é muito menor do que aquele que o capitalista sabe tirar da força de trabalho, e a diferença, o *trabalho não remunerado,* é exatamente a parcela do capitalista, ou, em termos mais precisos, da classe dos capitalistas. Pois o próprio lucro que, pelo exemplo acima, o negociante de algodão extrai de seu algodão tem de consistir de trabalho não remunerado, caso o preço do algodão não tenha subido. O negociante precisa ter vendido para um fabricante de fio de algodão que, além daqueles 100 táleres, consegue ainda

Friedrich Engels – Resumo de O capital

extrair para si um ganho do produto fabricado por ele, ou seja, vender para um fabricante que divide com ele o trabalho não remunerado embolsado. Esse trabalho não remunerado é, em termos gerais, o trabalho que sustenta todos os membros não trabalhadores da sociedade. É dele que são pagos os impostos estatais e comunitários, na medida em que atingem a classe dos capitalistas, as rendas fundiárias dos proprietários de terras etc. É nele que se baseia todo o estado social vigente.

Em contrapartida, seria absurdo presumir que o trabalho não remunerado tenha surgido das condições atuais, nas quais a produção é realizada por capitalistas de um lado e trabalhadores assalariados de outro. Pelo contrário. A classe oprimida teve de prestar trabalho não remunerado em todas as épocas. Durante todo o longo período em que a escravidão foi a forma dominante da organização do trabalho, os escravos tiveram de trabalhar muito mais do que lhes era reposto na forma de meios de subsistência. O mesmo se deu sob a servidão, até a abolição da corveia camponesa; nesse caso, a diferença entre o tempo que o camponês trabalha para a sua própria subsistência e o mais--trabalho para o dono das terras é palpável, justamente porque este último é feito separadamente do primeiro. A forma agora está modificada, mas a questão permaneceu, e "onde quer que uma parte da sociedade detenha o monopólio dos meios de produção, o trabalhador, livre ou não, tem de adicionar ao tempo de trabalho necessário à sua autoconservação um tempo de trabalho excedente a fim de produzir os meios de subsistência para o possuidor dos meios de produção" (Marx, p. 202)[3].

[*Demokratisches Wochenblatt*, n. 13, 28 mar. 1868]

II

No artigo anterior, vimos que cada trabalhador empregado pelo capitalista realiza um trabalho duplo. Durante uma parte do seu tempo de trabalho, ele repõe o salário adiantado a ele pelo capitalista, e Marx denomina essa parte do trabalho de *trabalho necessário*. Depois disso, porém, ele tem de continuar trabalhando e, durante esse tempo, produz o *mais-valor* para o capitalista, sendo que o lucro perfaz parte considerável dele. Essa parte do trabalho é chamada de mais-trabalho.

Suponhamos que o trabalhador trabalhe três dias da semana para repor seu salário e três dias para produzir mais-valor para o capitalista. Em outras palavras, isso quer dizer que ele trabalha, em doze horas de trabalho diário,

---

[3] Ver *Marx-Engels Werke*, v. 23 (Berlim, Dietz, 1962), p. 249 [ed. bras.: *O capital: crítica da economia política*, Livro I: *O processo de produção do capital* (trad. Rubens Enderle, São Paulo, Boitempo, 2013), p. 309]. (N. E. A.)

Resenha do volume I de O capital *para o* Demokratisches Wochenblatt

seis horas pelo seu salário e seis horas para gerar mais-valor. De uma semana só é possível extrair seis dias e, mesmo incluindo o domingo, só sete dias, mas de cada dia é possível extrair seis, oito, dez, doze, quinze e até mais horas de trabalho. O trabalhador vendeu ao capitalista pelo seu salário diário uma jornada de trabalho. Porém *o que é uma jornada de trabalho*? Oito ou dezoito horas?

Ao capitalista interessa tornar a jornada de trabalho tão longa quanto possível. Quanto mais longa for, tanto maior é o mais-valor que ela gera. O trabalhador tem a sensação correta de que cada hora de trabalho além do necessário para repor o salário pelo seu trabalho é-lhe surrupiada injustamente; ele experimenta no próprio corpo o que significa extrapolar o tempo de trabalho. O capitalista luta por seu lucro, o trabalhador por sua saúde, por algumas horas de descanso diário, para conseguir, além de trabalhar, dormir e comer, e ainda exercer alguma outra atividade humana. Dito de passagem, entrar nessa luta ou não independe da boa vontade dos capitalistas individuais, dado que a concorrência obriga que até *o mais filantrópico* deles acompanhe seus colegas e siga as mesmas regras que eles no que diz respeito à duração da jornada de trabalho.

A luta pela fixação da jornada de trabalho dura desde que o primeiro trabalhador livre pisou o palco da história até o dia de hoje. Nos diferentes ramos industriais, vigem tradicionalmente diferentes dias de trabalho; na realidade, porém, raramente eles são observados. Somente onde a lei fixa a jornada de trabalho e supervisiona sua observação, somente nesse caso realmente se pode dizer que existe uma jornada de trabalho normal. E, até agora, isso praticamente só aconteceu nos distritos fabris da Inglaterra. Neles foi fixada uma jornada de trabalho de dez horas (10½ horas em cinco dias, 7½ no sábado) para todas as mulheres e para os meninos de treze a dezoito anos de idade, e, dado que os homens não conseguem trabalhar sem eles, aplica-se também a eles a regra da jornada de trabalho de dez horas. Foram os próprios trabalhadores fabris ingleses que conquistaram essa lei, após anos de perseverança, após uma luta renhida e obstinada contra os proprietários das fábricas, após a liberdade de imprensa, após o direito de associação e reunião e após o uso habilidoso das cisões ocorridas na classe dominante. Ela se tornou o paládio dos trabalhadores da Inglaterra, sendo pouco a pouco estendida a todos os grandes ramos industriais e, no ano passado, a quase *todas as manufaturas* ou, pelo menos, a todas as que empregam mulheres e crianças. Essa obra contém um material sumamente extenso sobre a história dessa regulação legal da jornada de trabalho na Inglaterra. O próximo Reichstag do norte da Alemanha também deliberará sobre uma ordem fabril e, em consequência, sobre a regulação do trabalho fabril. Esperamos que nenhum dos deputados eleitos pelos trabalhadores alemães chegue à deliberação dessa lei sem antes ter-se familiarizado completamente com o livro de Marx. *Há muita coisa a ser aprovada*. As cisões nas classes dominantes são mais favoráveis

Friedrich Engels – Resumo de O capital

aos trabalhadores na Alemanha do que foram na Inglaterra, *porque o sufrágio universal obriga as classes dominantes a angariar a boa vontade dos trabalhadores.* Sob essas circunstâncias, quatro ou cinco representantes do proletariado são *uma potência,* se souberem tirar proveito de sua posição, se souberem, antes de tudo, o que está em jogo, coisa que os burgueses não sabem. E, para que o saibam, o livro de Marx entrega em suas mãos todo o material já pronto.

Deixemos de lado uma série de outras investigações muito boas, de interesse mais teórico, e falemos apenas do capítulo de conclusão, que trata da acumulação do capital. Nele é demonstrado, em primeiro lugar, que o método de produção capitalista, isto é, o método de produção levado a efeito por capitalistas, de um lado, e trabalhadores assalariados, de outro, não só produz constantemente capital novo para o capitalista mas também produz de modo recorrente e simultâneo a pobreza dos trabalhadores; assim, as providências são para que sempre se renovem, de um lado, os capitalistas proprietários de todos os meios de subsistência, de todas as matérias-primas e de todos os instrumentos de trabalho e, de outro lado, a grande massa dos trabalhadores, forçada a vender sua força de trabalho para esses capitalistas por uma quantidade de meios de subsistência que, na melhor das hipóteses, mal e mal é suficiente para mantê-los em condições de trabalhar e criar uma nova geração de proletários capazes de trabalhar. Porém o capital não só se reproduz: ele se multiplica continuamente e, desse modo, aumenta seu poder sobre a classe despossuída dos trabalhadores. E, da mesma forma que é reproduzido em escala cada vez maior, o moderno modo capitalista de produção reproduz em escala cada vez maior, em quantidade crescente, a classe dos trabalhadores sem posses. "A acumulação do capital reproduz a relação capitalista em escala ampliada – de um lado, mais capitalistas, ou capitalistas maiores; de outro, mais assalariados. [...] Acumulação do capital é, portanto, multiplicação do proletariado" (p. 600)[4]. Porém, dado que, em razão do progresso da maquinaria, em razão da agricultura melhorada etc., são necessários cada vez menos trabalhadores para produzir a mesma quantidade de produtos, dado que esse aperfeiçoamento, isto é, essa quantidade excedente de trabalhadores cresce até mais rapidamente do que o capital em crescimento, o que será dessa quantidade cada vez maior de trabalhadores? Eles formam um exército industrial de reserva que, em períodos ruins ou medianos de negócios, é pago *abaixo* do valor de seu trabalho e é empregado irregularmente ou cai sob a assistência pública aos pobres e, em tempos especialmente movimentados, é indispensável à classe capitalista, como ocorre de modo palpável na Inglaterra, mas que, *em todas as circunstâncias,* serve para quebrar a resistência dos trabalhadores regularmente ocupados e manter seus salários baixos.

---

[4]   Ver *Marx-Engels Werke,* v. 23, cit., p. 642 [ed. bras.: *O capital,* cit., p. 690]. (N. E. A.)

Resenha do volume I de O capital *para o* Demokratisches Wochenblatt

Quanto maiores forem a riqueza social [...], tanto maior será o exército industrial de reserva [a superpopulação relativa]. [...] Mas, quanto maior for esse exército de reserva em relação ao exército ativo [regularmente empregado] de trabalhadores, tanto maior será a massa da superpopulação consolidada [permanente], cuja miséria está na razão inversa do martírio de seu trabalho. Por fim, quanto maiores forem as camadas lazarentas da classe trabalhadora e o exército industrial de reserva, tanto maior será o pauperismo oficial. *Essa é a lei geral, absoluta, da acumulação capitalista.* (p. 631)[5]

Essas são algumas das principais leis do moderno sistema social capitalista, demonstradas em termos rigorosamente científicos – e os economistas oficiais evitam ciosamente fazer sequer um ensaio de refutação. Com isso, porém, já se disse tudo? De modo nenhum. Da mesma maneira precisa com que ressalta os lados perversos da produção capitalista, Marx também mostra claramente que essa forma social era necessária para desenvolver as forças produtivas da sociedade a um nível que permitisse um desenvolvimento humano digno para todos os membros da sociedade. Todas as formas sociais anteriores eram demasiado pobres para isso. A produção capitalista foi a primeira a criar as riquezas e as forças produtivas necessárias para isso, mas ao mesmo tempo ela cria, na forma de massas de trabalhadores oprimidos, a classe social que é crescentemente forçada a reivindicar o uso dessas riquezas e forças produtivas para toda a sociedade – e não para uma classe monopolista, como ocorre hoje.

Escrito entre 2 e 13 de março de 1868.

---

[5]   Ibidem, p. 674 [ed. bras.: *O capital*, cit., p. 719-20]. (N. E. A.)

[Resenha do volume I de *O capital* para *The Fortnightly Review* [A Revista Quinzenal][1]][2]

Karl Marx sobre o capital[3]

Em suas investigações sobre os meios de circulação, o senhor Thomas Tooke aponta o fato de que o dinheiro volta ao seu ponto de partida em sua função como capital, ao passo que isso não ocorre com o dinheiro que exerce a função de simples meio de circulação. Essa diferenciação (que, todavia, já havia sido feita muito tempo antes dele por Sir James Steuart) serve ao senhor Tooke apenas como um elemento em sua argumentação contra o "pessoal da *currency*"[4] e suas afirmações a respeito da influência da emissão de papel--moeda sobre o preço das mercadorias. O nosso autor, em contraposição, usa essa diferenciação como ponto de partida de sua investigação sobre a

---

[1] Revista inglesa de história, filosofia e literatura, fundada em 1865 por um grupo de radicais burgueses; mais tarde adotou uma linha liberal burguesa. Foi publicada sob esse título em Londres até 1934. (N. E. A.)

[2] Esta resenha se destinava à *Fortnightly Review*, mas foi rejeitada pelos editores. Permaneceu na forma de manuscrito até ser publicada, pela primeira vez, em língua alemã. Como se nota por sua troca de cartas, Marx e Engels opinaram sobre o conteúdo e a forma deste artigo. Marx deu conselhos e também redigiu variantes para algumas passagens que Engels incorporou integralmente ao texto. O artigo deveria ser publicado com a assinatura de Samuel Moore, um amigo inglês de Engels. (N. E. A.)

[3] Karl Marx, *Das Kapital*, v. I (Hamburgo, Meißner, 1867). (N. E. A.)

[4] Adeptos do *currency principle* [princípio da moeda corrente], uma teoria monetária muito difundida na primeira metade do século XIX, na Inglaterra, que partia da teoria da quantidade de dinheiro. Os defensores da teoria da quantidade afirmavam que os preços das mercadorias seriam determinados pela quantidade de dinheiro em circulação. Os representantes do *currency principle* queriam emular as leis da circulação do metal. Incluíam na *currency* (no meio de circulação), além da moeda metálica, as notas bancárias. Acreditavam conseguir uma circulação estável de dinheiro mediante a total equivalência em ouro das notas bancárias; a emissão deveria ser regulada de acordo com a importação e exportação de metais preciosos. As tentativas do governo inglês de se basear nessa teoria (Leis bancárias de 1844) não tiveram êxito e só confirmaram que ela não se sustenta cientificamente, sendo totalmente inútil para fins práticos; ver também *Marx-Engels Werke*, v. 23 (Berlim, Dietz, 1962), p. 156-9. (N. E. A.)

Friedrich Engels – Resumo de O capital

natureza do próprio capital e especificamente da pergunta: como o dinheiro, essa forma autônoma do valor, é transformado em capital?

Turgot diz que todas as pessoas de negócios têm de comum o fato de que elas *compram para vender*; suas compras são um adiantamento que mais tarde retorna a elas.

Comprar para vender – essa de fato é a transação, na qual o dinheiro funciona como capital e que condiciona seu retorno ao seu ponto de partida, em contraposição a *vender para comprar*, na qual o dinheiro só *precisa* funcionar como meio de circulação. Desse modo, torna-se visível que a sequência distinta em que os atos de vender e comprar seguem um ao outro imprime ao dinheiro dois diferentes movimentos de circulação. Para ilustrar esses dois processos, nosso autor apresenta a seguinte fórmula:

Vender para comprar: uma mercadoria M é trocada por dinheiro D, que, por sua vez, é trocado por outra mercadoria M, ou M-D-M.

Comprar para vender: dinheiro é trocado por uma mercadoria e esta volta a ser trocada por dinheiro: D-M-D.

A fórmula M-D-M representa a circulação simples de mercadorias, na qual o dinheiro funciona como meio de circulação, funciona como dinheiro. Essa fórmula é analisada no primeiro capítulo desse livro[5], que contém uma teoria nova e muito simples do valor e do dinheiro, que é sumamente interessante do ponto de vista científico, a qual, no entanto, desconsideramos aqui por ser, em seu conjunto, secundária para aquilo que consideramos que seja o essencial do ponto de vista do senhor Marx sobre o capital.

Em contrapartida, a fórmula D-M-D representa a forma da circulação em que dinheiro se transforma em capital.

O processo de comprar para vender D-M-D evidentemente pode ser resumido em D-D; ele é troca indireta de dinheiro por dinheiro. Suponhamos que eu compre 1.000 libras esterlinas de algodão e as venda por 1.100 libras esterlinas: ao final, *troquei* 1.000 libras esterlinas por 1.100 libras esterlinas, dinheiro por dinheiro.

Se a consequência desse processo sempre fosse apenas o retorno da mesma soma de dinheiro que adiantei, ele seria absurdo. Porém, se o negociante que adiantou 1.000 libras esterlinas efetivar 1.100 libras esterlinas, 1.000 libras esterlinas ou mesmo só 900 libras esterlinas, seu dinheiro, ainda assim, terá feito um movimento totalmente diferente do da fórmula M-D-M; essa fórmula significa vender para comprar, vender algo de que não se precisa para poder comprar algo de que se precisa. Comparemos as duas fórmulas.

Cada processo consiste em duas fases ou atos e esses dois atos são os mesmos nas duas fórmulas; todavia, há uma grande diferença entre os dois

---

[5] Na segunda edição, o primeiro capítulo aqui mencionado foi renomeado por Marx como primeira seção, composta de três capítulos. (N. E. A.)

processos em si. Em M-D-M, o dinheiro constitui apenas o meio; a mercadoria constitui o valor de uso, o ponto de partida e o ponto final. Em D-M-D, a mercadoria constitui o elo intermediário, enquanto o dinheiro forma o início e o fim. Em M-D-M, o dinheiro é gasto definitivamente; em D-M-D, ele apenas é adiantado para ser recuperado. Ele retorna ao seu ponto de partida, e, nesse ponto, temos a primeira diferença sensivelmente perceptível entre a circulação de dinheiro como *dinheiro* e a de dinheiro como *capital*.

No processo de vender para comprar M-D-M, o dinheiro só pode retornar ao seu ponto de partida pela repetição do processo global mediante a venda de mercadorias novas. Portanto, o retorno é dependente do próprio processo. Em D-M-D, em contraposição, esse retorno é uma necessidade e visado de antemão; se ele não acontece, ocorreu em algum ponto um estancamento e o processo fica incompleto.

A venda para compra tem por fim a aquisição de *valor de uso*; a compra para venda, a aquisição de *valor de troca*.

Na fórmula M-D-M, os dois extremos são idênticos em termos econômicos. Ambos são mercadorias; ademais, possuem o mesmo valor, pois toda a teoria do valor pressupõe que normalmente sejam trocados apenas equivalentes. Ao mesmo tempo, esses dois extremos M-M são valores de uso qualitativamente distintos e é justamente por isso que são trocados. No processo D-M-D, à primeira vista toda a operação parece sem sentido. Trocar 100 libras esterlinas por 100 libras esterlinas, e, além disso, usando um desvio, parece absurdo. Uma soma de dinheiro só pode se diferenciar de outra soma de dinheiro por sua grandeza. Por conseguinte, D-M-D só tem sentido pela diferença quantitativa de seus extremos. É preciso extrair da circulação mais dinheiro do que foi lançado nela. O algodão comprado por 1.000 libras esterlinas é vendido por 1.100 libras esterlinas = 1.000 libras esterlinas + 100 libras esterlinas; portanto, a fórmula que representa esse processo se transforma em D-M-D′, sendo D′ = D + ΔD, [ou seja,] D mais um incremento. Marx denomina esse ΔD, esse incremento, *mais-valor*[6]. O valor originalmente adiantado não só se conserva, mas recebe um incremento, *ele se valoriza, e é esse processo que transforma dinheiro em capital*.

Na forma de circulação M-D-M, também *pode* haver diversidade dos extremos, só que aqui essa circunstância é totalmente irrelevante, a fórmula não se torna absurda quando os dois extremos são equivalentes. Pelo contrário, essa é uma condição de seu caráter normal.

A repetição de M-D-M é limitada por circunstâncias que se situam totalmente fora do processo de troca: pelas necessidades do consumo. Em D-M-D, ao contrário, início e fim são qualitativamente iguais, e justamente por

---

[6] Sempre que o termo "valor" for usado sem uma determinação mais precisa ele significa valor de troca. (N. E. A.)

Friedrich Engels – Resumo de O capital

isso o movimento pode ser interminável. Sem dúvida, D + ΔD perfaz uma quantidade diferente de D; mas trata-se apenas de uma soma limitada de dinheiro. Se fosse gasta, deixaria de ser capital; se fosse retirada da circulação, permaneceria estacionada como tesouro. Uma vez dada a necessidade de valorização do valor, essa necessidade existe tanto para D' quanto para D; o movimento do capital se torna constante e interminável, porque, no fim de cada um dos processos, seu objetivo ainda está tão longe de ser alcançado como antes. A execução desse processo interminável transforma o possuidor de dinheiro em *capitalista*.

A fórmula D-M-D parece se aplicar só ao capital mercantil. Mas o capital industrial também é dinheiro que é trocado por mercadorias e depois trocado novamente por mais dinheiro. Sem dúvida, nesse caso, uma quantidade de operações se intercala entre compra e venda, operações que se situam fora da esfera da pura circulação; mas elas não mudam em nada a essência do processo. Em contrapartida, o mesmo processo se apresenta, no caso do capital que rende juros, em sua forma mais abreviada. Nesse caso, a fórmula se encolhe para D-D', um valor que é como que maior do que ele próprio.

Mas de onde vem esse incremento de D, esse mais-valor? Nossas investigações prévias sobre a natureza das mercadorias, do valor, do dinheiro e da própria circulação não só não aclaram essa questão, mas parecem excluir toda e qualquer forma de circulação que tem como resultado final algo como um mais-valor. Toda a diferença entre a circulação de mercadorias (M-D-M) e a circulação de dinheiro como capital (D-M-D) parece consistir de uma simples inversão do processo. Como essa inversão poderia levar a um resultado tão estranho?

E mais. Essa inversão só existe para *um* dos três participantes do processo. Como capitalista, eu compro a mercadoria de A e vendo-a para B. A e B atuam apenas como simples vendedor e comprador de mercadoria. Ao comprar de A, eu próprio atuo apenas como possuidor de dinheiro e, ao vender para B, apenas como possuidor de mercadorias; mas em nenhuma dessas transações eu atuo como capitalista, como representante de algo que é *mais do que* dinheiro ou mais do que mercadoria. Para A, a transação começou com uma venda e, para B, com uma compra. Se do meu ponto de vista ocorre uma inversão da fórmula M-D-M, do ponto de vista de A e B esse não é o caso. Ademais, nada pode impedir A de vender sua mercadoria a B, sem a minha intermediação, e, nesse caso, não haveria nenhuma perspectiva de obter algum mais-valor.

Suponhamos que A e B comprem o que precisam diretamente um do outro. No que se refere ao valor de uso, ambos podem ganhar. Com o que ambos ganhariam, A até poderia produzir mais de sua mercadoria específica do que B conseguiria produzir no mesmo tempo e vice-versa. Mas com o valor de troca é diferente. Nesse caso, são trocadas grandezas de valor iguais, quer o dinheiro sirva de intermediário ou não.

Visto em termos abstratos, isto é, abstraindo-se de todas as circunstâncias que não se derivam das leis imanentes da circulação simples de mercadorias,

Resenha do volume I de O capital *para* The Fortnightly Review

o que ocorre nessa circulação simples, além da substituição de um valor de uso por outro, é tão somente uma mudança de forma da mercadoria. O mesmo valor de troca, a mesma quantidade de trabalho social objetivado, permanece em poder do possuidor das mercadorias, seja na forma dessa mesma mercadoria, seja na forma do dinheiro pelo qual ela é vendida, seja na forma da segunda mercadoria comprada com esse dinheiro. Essa mudança de forma não implica alteração da grandeza de valor, do mesmo modo que não implica alteração de grandeza de valor a troca de uma nota de cinco libras por cinco *sovereigns* [moeda inglesa equivalente a uma libra]. Na medida em que se trata apenas de uma mudança de *forma* do valor de troca, equivalentes devem ser trocados, ao menos quando o processo acontece em sua forma pura e sob condições normais. Mercadorias *podem* ser vendidas por preços acima ou abaixo de seu valor, mas só mediante a violação da lei da troca de mercadorias. Por conseguinte, em sua forma pura e normal, a troca de mercadorias não constitui um meio de formação de mais-valor. Daí advém o erro de todos os economistas que, a exemplo de Condillac, tentam deduzir o mais-valor da troca de mercadorias.

Suponhamos, porém, que o processo não aconteça sob condições normais e que não equivalentes sejam trocados. Suponhamos, por exemplo, que todo vendedor venda sua mercadoria 10% acima de seu valor. *Ceteris paribus* [todo o demais sendo constante], cada qual volta a perder na condição de comprador aquilo que havia ganhado como vendedor. Ocorreria exatamente a mesma coisa se o valor do dinheiro tivesse baixado 10%. O contrário ocorreria, mas com o mesmo resultado, se todos os compradores comprassem suas mercadorias 10% abaixo de seu valor. Não nos aproximamos um centímetro sequer da solução, quando admitimos que todo possuidor de mercadorias, enquanto produtor, vende as mercadorias acima de seu valor e, enquanto consumidor, compra-as acima de seu valor.

Os defensores coerentes da ilusão de que o mais-valor se origina de um incremento nominal do preço das mercadorias supõem sempre a existência de uma classe que compra sem jamais vender, que consome sem produzir. Nesse estágio da nossa investigação, a existência de tal classe ainda é inexplicável. Suponhamos, todavia, que ela exista. De onde essa classe obtém o dinheiro para comprar constantemente? Evidentemente dos produtores de mercadorias, a partir de títulos quaisquer de direito ou poder, sem troca. Vender mercadorias acima de seu valor a essa classe significa tão somente reaver em parte um dinheiro dado a ela de graça. Foi desse modo que as cidades da Ásia Menor conseguiram reaver parte do dinheiro que pagaram em forma de tributo aos romanos, ludibriando-os no comércio; mas, ainda assim, ludibriadas foram essas cidades. Portanto, esse não é um método de formação de mais-valor.

Tomemos o caso do ludíbrio. A vende a B vinho no valor de 40 libras esterlinas contra cereal no valor de 50 libras esterlinas. A ganhou 10 libras esterlinas

Friedrich Engels – Resumo de O capital

e B perdeu 10 libras esterlinas, mas os dois juntos só têm 90 libras esterlinas como antes. Um valor foi transferido, mas não criado. Toda a classe capitalista de um país não conseguirá aumentar sua riqueza total, ludibriando-se mutuamente.

Logo, quando equivalentes são trocados, não surge mais-valor, tampouco quando não equivalentes são trocados. A circulação de mercadorias não cria valor novo. Essa é a razão pela qual as duas formas mais antigas e mais populares do capital, o capital mercantil e o capital que rende juros, são completamente desconsideradas neste ponto. Para não declarar como mero ludíbrio o mais-valor apropriado por essas duas formas do capital, é preciso considerar uma quantidade de elos intermediários ainda faltantes neste estágio da investigação. Mais adiante, veremos que ambas são apenas formas derivadas e constataremos por que ambas apareceram historicamente muito antes do capital moderno.

Portanto, o mais-valor não pode originar-se da circulação de mercadorias. Mas ele pode originar-se fora dela? Fora da circulação de mercadorias, o possuidor de mercadorias é simples produtor dessas mercadorias, e o valor delas é determinado pela grandeza – medida segundo uma lei social bem determinada – de seu próprio trabalho contido nela. Esse valor é expresso em moeda de conta, digamos, no preço de 10 libras esterlinas. No entanto, esse preço de 10 libras esterlinas não é concomitantemente um preço de 11 libras esterlinas; o trabalho contido na mercadoria cria valor, mas não um valor que valoriza a si mesmo; ele pode adicionar novo valor a um valor existente, mas só mediante adição de novo trabalho. Como, então, o possuidor de mercadorias fora da esfera de circulação, sem entrar em contato com outros possuidores de mercadorias, como teria ele condições de produzir mais-valor ou, em outros termos, transformar mercadoria ou dinheiro em capital?

> Portanto, o capital não pode ter origem na circulação, tampouco pode *não* ter origem na circulação. Ele tem de ter origem nela e, ao mesmo tempo, *não* ter origem nela. [...]
>
> A transformação do dinheiro em capital tem de ser explicada com base nas leis imanentes da troca de mercadorias, *de modo que a troca de equivalentes seja o ponto de partida*. Nosso possuidor de dinheiro, que ainda é apenas um capitalista em estado larval, tem de comprar as mercadorias pelo seu valor, vendê-las pelo seu valor e, no entanto, no final do processo, retirar da circulação mais valor do que ele nela lançara inicialmente. Sua metamorfose de larva em borboleta [...] tem de se dar na esfera da circulação e *não* pode se dar na esfera da circulação. Essas são as condições do problema. *Hic Rhodus, hic salta!*

E segue a solução:

> A mudança de valor do dinheiro destinado a se transformar em capital não pode ocorrer nesse mesmo dinheiro, pois em sua função como meio de compra e de pagamento ele *realiza* apenas o preço da mercadoria que ele compra ou pela qual ele paga, ao passo que, mantendo-se imóvel em sua própria forma, ele se

Resenha do volume I de O capital *para* The Fortnightly Review

petrifica como um valor que permanece sempre o mesmo. Tampouco pode a mudança ter sua origem no segundo ato da circulação, a revenda da mercadoria, pois esse ato limita-se a transformar a mercadoria de sua forma natural em sua forma-dinheiro. *A mudança tem, portanto, de ocorrer na mercadoria* que é comprada no primeiro ato D-M, porém não em seu valor, pois equivalentes são trocados e a mercadoria é paga pelo seu valor pleno. *Desse modo, a mudança só pode provir de seu valor de uso como tal, isto é, de seu consumo.* Para poder extrair valor do consumo de uma mercadoria, nosso possuidor de dinheiro teria de ter a sorte de descobrir no mercado, no interior da esfera da circulação, *uma mercadoria cujo próprio valor de uso possuísse a característica peculiar de ser fonte de valor, cujo próprio consumo fosse, portanto, objetivação de trabalho e, por conseguinte, criação de valor.* E o possuidor de dinheiro encontra no mercado uma tal mercadoria específica: a capacidade de trabalho, ou *força de trabalho.*

Por força de trabalho ou capacidade de trabalho entendemos o complexo [*Inbegriff*] das capacidades físicas e mentais que existem na corporeidade [*Leiblichkeit*], na personalidade viva de um homem e que ele põe em movimento sempre que produz valores de uso de qualquer tipo.

No entanto, para que o possuidor de dinheiro encontre a força de trabalho como mercadoria no mercado, é preciso que diversas condições estejam dadas. A troca de mercadorias por si só não implica quaisquer outras relações de dependência além daquelas que resultam de sua própria natureza. Sob esse pressuposto, a força de trabalho só pode aparecer como mercadoria no mercado na medida em que é colocada à venda ou é vendida pelo seu próprio possuidor, pela pessoa da qual ela é a força de trabalho. Para vendê-la como mercadoria, seu possuidor tem de poder dispor dela, portanto, ser o livre proprietário de sua capacidade de trabalho, de sua pessoa. Ele e o possuidor de dinheiro se encontram no mercado e estabelecem uma relação mútua como iguais possuidores de mercadorias, com a única diferença de que um é comprador e o outro, vendedor, sendo ambos, portanto, pessoas juridicamente iguais. A continuidade dessa relação requer que o proprietário da força de trabalho a venda apenas por um determinado período, pois, se ele a vender inteiramente, de uma vez por todas, vende a si mesmo, transforma-se de um homem livre num escravo, de um possuidor de mercadoria numa mercadoria. [...]

A segunda condição essencial para que o possuidor de dinheiro encontre no mercado a força de trabalho como mercadoria é que seu possuidor, em vez de poder vender mercadorias em que seu trabalho se objetivou, tenha, antes, de oferecer como mercadoria à venda sua própria força de trabalho, que existe apenas em sua corporeidade viva.

Para que alguém possa vender mercadorias diferentes de sua força de trabalho, ele tem de possuir, evidentemente, meios de produção, por exemplo, matérias-primas, instrumentos de trabalho etc. Ele não pode fabricar botas sem couro. Necessita, além disso, de meios de subsistência. Ninguém, nem mesmo um músico do futuro, pode viver de produtos do futuro, tampouco, portanto, de valores de uso cuja produção ainda não esteja acabada, e tal como nos primeiros dias de sua aparição sobre o palco da Terra, o homem tem de consumir a cada dia, tanto antes como no decorrer de seu ato de produção. Se os produtos são produzidos como *mercadorias*, eles têm de ser vendidos *depois* de produzidos, e somente depois de sua venda

Friedrich Engels – Resumo de O capital

eles podem satisfazer as necessidades dos produtores. O tempo necessário para a sua venda é adicionado ao tempo necessário para a sua produção.

Para transformar dinheiro em capital, o possuidor de dinheiro tem, portanto, de encontrar no mercado de mercadorias *o trabalhador livre*, e livre em dois sentidos: de ser uma pessoa livre, que dispõe de sua força de trabalho como sua mercadoria, e de, por outro lado, ser alguém que não tem outra mercadoria para vender, livre e solto, carecendo absolutamente de todas as coisas necessárias à realização de sua força de trabalho.

Por que razão esse trabalhador livre se confronta com ele na esfera da circulação é algo que não interessa ao possuidor de dinheiro, para o qual o mercado é uma seção particular do mercado de mercadorias. No momento, essa questão tampouco tem interesse para nós. Ocupamo-nos da questão teoricamente, assim como o possuidor de dinheiro ocupa-se dela praticamente. Uma coisa, no entanto, é clara: a natureza não produz possuidores de dinheiro e de mercadorias, de um lado, e simples possuidores de suas próprias forças de trabalho, de outro. Essa não é uma relação histórico-natural [*naturgeschichtliches*], tampouco uma relação social comum a todos os períodos históricos, mas é claramente o resultado de um desenvolvimento histórico anterior, o produto de muitas revoluções econômicas, da destruição de toda uma série de formas anteriores de produção social.

Também as categorias econômicas que consideramos anteriormente trazem consigo as marcas da história. Na existência do produto como mercadoria estão presentes determinadas condições históricas e, para se tornar mercadoria, o produto não pode ser produzido como meio imediato de subsistência para o próprio produtor. Se tivéssemos avançado em nossa investigação e posto a questão "sob que circunstâncias todos os produtos – ou apenas a maioria deles – assumem a forma da mercadoria?", teríamos descoberto que isso só ocorre sobre a base de um modo de produção específico, o modo de produção *capitalista*. No entanto, tal investigação estaria distante da análise da mercadoria. A produção e a circulação de mercadorias podem ocorrer mesmo quando a maior parte dos produtos é destinada à satisfação das necessidades imediatas de seus próprios produtores, quando não é transformada em mercadoria e, portanto, quando o valor de troca ainda não dominou o processo de produção em toda sua extensão e profundidade. [...] Por outro lado, se considerarmos o dinheiro, veremos que ele pressupõe um estágio definido da troca de mercadorias. As formas específicas do dinheiro, seja como mero equivalente de mercadorias ou como meio de circulação, seja como meio de pagamento, tesouro ou dinheiro mundial, remetem, de acordo com a extensão e a preponderância relativa de uma ou outra função, a estágios muito distintos do processo social de produção. No entanto, uma circulação de mercadorias relativamente pouco desenvolvida é suficiente para a constituição de todas essas formas, diferentemente do que ocorre com o capital. Suas condições históricas de existência não estão de modo algum dadas com a circulação das mercadorias e do dinheiro. Ele só surge quando o possuidor de meios de produção e de subsistência encontra no mercado o trabalhador livre como vendedor de sua força de trabalho, e essa condição histórica compreende toda uma história mundial. O capital anuncia, portanto, desde seu primeiro surgimento, uma nova época no processo social de produção.[7]

---

[7] Ver *Marx-Engels Werke*, v. 23, cit., p. 180-4 [ed. bras.: *O capital*, cit., p. 240-5]. (N. E. A.)

Resenha do volume I de O capital *para* The Fortnightly Review

É essa mercadoria peculiar, a força de trabalho, que deve ser examinada agora. Como as demais mercadorias, ela possui um valor de troca; esse valor é determinado como o das demais mercadorias: por meio do tempo de trabalho necessário à sua produção e, portanto, também à sua reprodução. O valor da força de trabalho é o valor dos meios de subsistência necessários para a conservação de seu possuidor com capacidade normal de trabalho. Esses meios de subsistência são determinados pelo clima e por outras condições naturais, bem como pela condição de sustento da vida historicamente dado em cada país. Eles mudam, mas estão dados para determinado país e determinada época. Além disso, estão incluídos neles os meios de subsistência para os substitutos dos trabalhadores gastos, isto é, para os filhos, de modo que esse tipo peculiar de possuidor de mercadorias possa se eternizar. Eles abrangem, ademais, no caso do trabalho especializado, os custos de formação.

O limite mínimo do valor da força de trabalho é o valor dos meios de subsistência fisicamente indispensáveis. Se seu preço baixar até esse mínimo, ele ficará abaixo do valor da força de trabalho, dado que esse valor pressupõe uma qualidade normal da força de trabalho e não uma qualidade atrofiada.

Da natureza do trabalho resulta que a força de trabalho é consumida somente *depois* de consumada a venda; e, em todos os países que têm modo de produção capitalista, o trabalho é pago depois de ter sido realizado. Portanto, em toda parte o trabalhador dá crédito ao capitalista. A respeito das consequências práticas desse crédito concedido pelo trabalhador, o senhor Marx cita alguns exemplos interessantes extraídos de documentos parlamentares; quanto a esses exemplos, remetemos ao próprio livro.

Com o consumo de força de trabalho, seu comprador produz de imediato mercadorias e mais-valor; para examinar isso, temos de deixar a esfera da circulação e ir para a esfera da produção.

Nela constatamos de imediato que o processo de trabalho possui um caráter duplo. De um lado, trata-se de um processo simples de confecção de valor de uso; como tal, ele pode e deve ser comum a todas as formas históricas da existência da sociedade; de outro lado, esse processo acontece, como já foi mencionado, sob as condições específicas da produção capitalista. É esta que temos de analisar agora.

O processo de trabalho sobre base capitalista possui duas peculiaridades. Em primeiro lugar, o trabalhador trabalha sob o controle do capitalista, que cuida para que nada seja desperdiçado e para que não se use mais do que a quantidade socialmente necessária de trabalho para cada produto individual. Em segundo lugar, o produto é propriedade do capitalista, dado que o próprio processo acontece entre duas coisas que lhe pertencem: a força de trabalho e os meios de trabalho.

O capitalista está interessado no valor de uso somente na medida em que este é a corporificação do valor de troca e, sobretudo, do mais-valor. Sua meta

Friedrich Engels – Resumo de O capital

consiste em produzir uma mercadoria cujo valor seja mais elevado do que a soma dos valores investidos em sua produção. Como isso pode acontecer?

Tomemos uma mercadoria qualquer, por exemplo, o fio de algodão, e analisemos a quantidade de trabalho nele objetivado. Suponhamos que, para confeccionar 10 libras de fio, são necessárias 10 libras de algodão no valor de 10 xelins (desconsiderando aqui as sobras). Ademais, são requeridos determinados meios de trabalho: uma máquina a vapor, máquinas de cardar e outra maquinaria, carvão, lubrificante etc. Para simplificar, designaremos tudo isso como "fiar" e consideraremos que o desgaste, o carvão etc. necessários para fiar 10 libras de fio representam 2 xelins. Temos, assim, 10 xelins para o algodão e 2 xelins para o fuso = 12 xelins. Se 12 xelins representam o produto de 24 horas de trabalho ou dois dias de trabalho, então o algodão e o fuso representam no fio dois dias de trabalho. Quanto é adicionado, então, pela fiação?

Suponhamos que o valor da força de trabalho *per diem* [por dia] perfaça 3 xelins e que esses 3 xelins representem o trabalho de 6 horas. Suponhamos, ademais, que um trabalhador necessite de 6 horas para fiar 10 libras de fio. Nesse caso, 3 xelins terão sido adicionados ao produto mediante trabalho; o valor das 10 libras de fio perfaz 15 xelins ou 1 xelim e 6 *pence* por libra.

Esse processo é muito simples, mas dele não se origina nenhum mais-valor. Nem pode ser assim, porque, na produção capitalista, as coisas não são tão simples.

> Vejamos a questão mais de perto. O valor diário da força de trabalho é de 3 xelins porque nela própria está objetivada meia jornada de trabalho [...]. O fato de que *meia* jornada de trabalho seja necessária para manter o trabalhador vivo por 24 horas de modo algum o impede de trabalhar uma jornada *inteira*. O valor da força de trabalho e sua valorização no processo de trabalho são, portanto, duas grandezas distintas. É essa diferença de valor que o capitalista tem em vista quando compra a força de trabalho. Sua qualidade útil, sua capacidade de produzir fio ou botas, é apenas uma *conditio sine qua non* [condição indispensável], já que o trabalho, para criar valor, tem necessariamente de ser despendido de modo útil. Mas o que é decisivo é o valor de uso específico dessa mercadoria, o fato de ela ser fonte de valor, e de mais valor do que aquele que ela mesma possui. Esse é o serviço específico que o capitalista espera receber dessa mercadoria e, desse modo, ele age de acordo com as leis eternas da troca de mercadorias. Na verdade, o vendedor da força de trabalho, como o vendedor de qualquer outra mercadoria, realiza seu valor de troca e aliena seu valor de uso. Ele não pode obter um sem abrir mão do outro. O valor de uso da força de trabalho, o próprio trabalho, pertence tão pouco a seu vendedor quanto o valor de uso do óleo pertence ao comerciante que o vendeu. O possuidor de dinheiro pagou o valor de um dia de força de trabalho; a ele pertence, portanto, o valor de uso dessa força de trabalho durante um dia, isto é, o trabalho de uma jornada. A circunstância na qual a manutenção diária da força de trabalho custa apenas meia jornada de trabalho, embora a força de trabalho possa atuar por uma jornada inteira, e, consequentemente, o valor que ela cria durante uma jornada seja o dobro de seu próprio valor diário – tal circunstância é,

Resenha do volume I de O capital *para* The Fortnightly Review

certamente, uma grande vantagem para o comprador, mas de modo algum uma injustiça para com o vendedor.

Portanto, o trabalhador trabalha 12 horas, fia 20 libras de fio, que representam 20 xelins de algodão e 4 xelins de fusos etc., e seu trabalho custa 3 xelins, no total 27 xelins. Se 10 libras de algodão absorvem 6 horas de trabalho, 20 libras algodão absorvem 12 horas de trabalho, igual a 6 xelins.

Nas 20 libras de fio estão objetivadas, agora, 5 jornadas de trabalho, das quais 4 foram empregadas na produção do algodão e dos fusos e 1 foi absorvida pelo algodão durante o processo de fiação. A expressão em ouro das 5 jornadas de trabalho é 30 xelins ou £1 e 10 xelins. Esse é, portanto, o preço das 20 libras de fio. A libra de fio continua a custar 1 xelim e 6 *pence*, mas a quantidade de valor das mercadorias lançadas no processo soma 27 xelins. O valor do fio é de 30 xelins. O valor do produto aumentou $^1/_9$ sobre o valor adiantado em sua produção. Desse modo, 27 xelins transformaram-se em 30 xelins, criando um mais-valor de 3 xelins. No final das contas, o truque deu certo. O dinheiro converteu-se em capital. Todas as condições do problema foram satisfeitas, sem que tenha ocorrido qualquer violação das leis da troca de mercadorias. Trocou-se equivalente por equivalente. Como comprador, o capitalista pagou o devido valor por cada mercadoria: algodão, fusos, força de trabalho. Em seguida, fez o mesmo que costuma fazer todo comprador de mercadorias: consumiu seu valor de uso. Do processo de consumo da força de trabalho, que é ao mesmo tempo processo de produção da mercadoria, resultou um produto de 20 libras de fio com um valor de 30 xelins. Agora, o capitalista retorna ao mercado, mas não para comprar, como antes, e sim para vender mercadoria. Ele vende a libra de fio por 1 xelim e 6 *pence*, nem um centavo acima ou abaixo de seu valor. E, no entanto, ele tira da circulação 3 xelins a mais do que a quantia que nela colocou. Esse ciclo inteiro, a transformação de seu dinheiro em capital, ocorre no interior da esfera da circulação e, ao mesmo tempo, *fora* dela. Ele é mediado pela circulação, porque é determinado pela compra da força de trabalho no mercado. Mas ocorre fora da circulação, pois esta apenas dá início ao processo de valorização, que tem lugar na esfera da produção. E assim está "*tout pour le mieux dans le meilleur des mondes possibles*" ["tudo ocorre da melhor maneira no melhor dos mundos possíveis"][8].[9]

Da exposição do modo da produção do mais-valor o senhor Marx passa para a sua análise. Do precedente decorre que apenas uma parte do capital investido em uma empresa produtiva contribui diretamente para a produção de mais-valor e esta é o capital adiantado para a compra de força de trabalho. Só essa parte produz valor *novo*; o capital investido em maquinaria, matéria-prima, carvão etc. volta a aparecer no valor do produto *pro tanto* [como um todo], ele é conservado e reproduzido, mas nenhum mais-valor pode se formar a partir dele. Isso enseja ao senhor Marx a proposta de uma nova subdivisão do capital: em capital *constante* que é apenas reproduzido – a parte investida

---

[8] Aforismo extraído do romance satírico *Cândido ou o otimismo*, de Voltaire. (N. E. A.)

[9] Ver *Marx-Engels Werke*, v. 23, cit., p. 207-9 [ed. bras.: *O capital*, cit., p. 269-71]. (N. E. A.)

Friedrich Engels – Resumo de O capital

em maquinaria, matéria-prima e nos demais meios necessários ao processo de trabalho; e em capital *variável*, que não é só reproduzido, mas constitui, ao mesmo tempo, fonte direta de mais-valor – a parte investida na compra de força de trabalho e em salários. A partir disso, fica claro que o capital constante não contribui diretamente para a produção de mais-valor, por mais necessário que seja para isso; ademais, a massa de capital constante investida em um ramo da produção não exerce a menor influência sobre a massa de mais-valor produzida nesse ramo[10]. Por conseguinte, o capital constante não pode ser levado em conta na determinação da *taxa* de mais-valor. Esta só pode ser determinada mediante comparação da grandeza do mais-valor com a grandeza do capital, que contribui diretamente para a formação do mais-valor, isto é, com a grandeza do capital *variável*. Por isso, o senhor Marx determina a taxa do mais-valor como relação do mais-valor apenas com o capital variável: se o preço diário do trabalho for 3 xelins e o mais-valor criado diariamente for igualmente 3 xelins, a taxa do mais-valor será de 100%. Pode-se ter uma noção dos fatos curiosos que resultam de se considerar, como de hábito, o capital constante como fator ativo na produção de mais-valor, no exemplo do senhor N. W. Senior, "célebre por sua ciência econômica e seu belo estilo", que numa "bela manhã do ano de 1836 [...] foi transferido de Oxford para Manchester, a fim de aprender economia política nesta cidade [com os fabricantes de fios de algodão], em vez de ensiná-la em Oxford"[11].

O senhor Marx denomina *"trabalho necessário"* o tempo de trabalho durante o qual o trabalhador reproduz o valor de sua força de trabalho; ele denomina *"mais-trabalho"* o tempo trabalhado que vai além disso, o tempo em que é produzido o mais-valor. Trabalho necessário e mais-trabalho compõem juntos a *"jornada de trabalho"*.

Em uma jornada de trabalho está dado o tempo necessário de trabalho; no entanto, o tempo empregado no mais-trabalho não é fixado por nenhuma lei econômica, podendo ser mais curto ou mais longo dentro de certos limites. Ele pode ser igual a zero e, nesse caso, estaria eliminado o estímulo para que o capitalista usasse o trabalho. Concomitantemente, por razões fisiológicas, a extensão total da jornada de trabalho jamais pode chegar a 24 horas. Contudo, entre uma jornada de trabalho de, digamos, 6 horas e uma de 24 horas há muitos estágios intermediários. As leis da troca de mercadorias requerem que a jornada de trabalho não seja mais longa do que o compatível com o desgaste normal do trabalhador. Mas o que é desgaste normal? Quantas horas de trabalho diário são compatíveis com ele? Nesse ponto, as opiniões do capitalista e do trabalhador divergem muito e, como não existe uma autoridade superior, a questão é decidida mediante o *uso da força*. A história

---

[10] Temos de observar, neste ponto, que *mais-valor* não é de modo nenhum idêntico a *lucro*. (N. E. A.)

[11] Ver *Marx-Engels Werke*, v. 23, cit., p. 237-8 [ed. bras.: *O capital*, cit., p. 299]. (N. E. A.)

Resenha do volume I de O capital *para* The Fortnightly Review

da regulamentação da jornada de trabalho é a história de uma luta por sua delimitação – uma luta entre o capitalista global e o trabalhador coletivo, entre a classe dos capitalistas e a classe dos trabalhadores.

O capital não inventou o mais-trabalho. Onde quer que uma parte da sociedade detenha o monopólio dos meios de produção, o trabalhador, livre ou não, tem de adicionar ao tempo de trabalho necessário a sua autoconservação um tempo de trabalho excedente a fim de produzir os meios de subsistência para o possuidor dos meios de produção, seja esse proprietário o kalèv k‡gaqçv ["belo e bom" = aristocrata] ateniense, o teocrata etrusco, o *civis romanus* [cidadão romano], o barão normando, o escravocrata americano, o boiardo valáquio, o *landlord* [senhor rural] moderno ou o capitalista.[12]

Entrementes está claro que, em toda formação social em que o valor de uso do produto é mais importante do que seu valor de troca, o mais-trabalho é limitado por um círculo mais estreito ou mais amplo de necessidades sociais; e que, sob essas circunstâncias, não existe em absoluto o desejo por mais--trabalho por si mesmo. Constatamos, assim, que, na Antiguidade clássica, o mais-trabalho em sua forma mais crassa, em que o trabalhador trabalhava até morrer, existiu quase exclusivamente em minas de ouro e prata, onde o valor de troca era produzido em sua forma autônoma, como dinheiro.

Assim que os povos, cuja produção ainda se move nas formas inferiores do trabalho escravo, da corveia etc., são arrastados pela produção capitalista e pelo mercado mundial, que faz da venda de seus produtos no exterior o seu principal interesse, os horrores bárbaros da escravidão, da servidão etc. são coroados com o horror civilizado do sobretrabalho. Isso explica por que o trabalho dos negros nos estados sulistas da União Americana conservou certo caráter patriarcal, enquanto a produção ainda se voltava sobretudo às necessidades locais imediatas. Mas, à medida que a exportação de algodão se tornou o interesse vital daqueles estados, o sobretrabalho dos negros, e, por vezes, o consumo de suas vidas em sete anos de trabalho, converteu-se em fator de um sistema calculado e calculista. [...] Algo semelhante ocorreu com a *corveia*, por exemplo, nos Principados do Danúbio.[13]

Nesse ponto, a comparação com a produção capitalista é especialmente interessante, porque, na *corveia*, o mais-trabalho possui uma forma autônoma que pode ser percebida pelos sentidos.

Suponha que a jornada de trabalho seja de 6 horas de trabalho necessário e 6 horas de mais-trabalho. Assim, o trabalhador livre fornece ao capitalista, semanalmente, 6 × 6, ou 36 horas de mais-trabalho. É o mesmo que se obteria se ele trabalhasse semanalmente 3 dias para si e 3 dias gratuitamente para o capitalista. Mas isso não é visível. O mais-trabalho e o trabalho necessário confundem-se um com o outro. É possível exprimir a mesma relação, por exemplo, dizendo que o trabalhador, em cada minuto, trabalha 30 segundos para si e 30 segundos para o capitalista etc.

---

[12] Ibidem, p. 249-50 [ed. bras.: *O capital*, cit., p. 309]. (N. E. A.)
[13] Ibidem, p. 250 [ed. bras.: *O capital*, cit., p. 310]. (N. E. A.)

Friedrich Engels – Resumo de O capital

Com a *corveia*, no entanto, é diferente. O trabalho necessário que, por exemplo, o camponês valáquio realiza para sua autossubsistência está espacialmente separado de seu mais-trabalho para o boiardo. Um ele realiza em seu próprio campo, o outro no campo de seu senhor. As duas partes do tempo de trabalho existem, por isso, de modo independente, uma ao lado da outra. Na forma da *corveia*, o mais-trabalho está nitidamente separado do trabalho necessário [...].[14]

Temos de nos abster de citar outros exemplos interessantes da história social moderna dos Principados do Danúbio, mediante os quais o senhor Marx prova que os boiardos, apoiados pela intervenção russa, sabiam como sugar mais-trabalho tão bem quanto qualquer empresário capitalista. No entanto, aquilo que o *Règlement organique*, pelo qual o general russo Kisselev concedeu aos boiardos poder quase irrestrito sobre o trabalho dos camponeses, expressa em termos afirmativos as leis fabris inglesas expressam em termos negativos.

Essas leis refreiam o impulso do capital por uma sucção ilimitada da força de trabalho, mediante uma limitação compulsória da jornada de trabalho pelo Estado e, mais precisamente, por um Estado dominado pelo capitalista e pelo *landlord*. Abstraindo de um movimento dos trabalhadores que se torna a cada dia mais ameaçador, a limitação da jornada de trabalho nas fábricas foi ditada pela mesma necessidade que forçou a aplicação do guano nos campos ingleses. A mesma rapacidade cega que, num caso, exauriu o solo, no outro matou na raiz a força vital da nação. Epidemias periódicas são, aqui, tão eloquentes quanto a diminuição da altura dos soldados na Alemanha e na França.[15]

Para demonstrar a tendência do capital de estender a jornada de trabalho para além de toda medida racional, o senhor Marx faz citações extensas dos relatórios dos inspetores de fábrica, da comissão de investigação do trabalho infantil, dos relatórios sobre a saúde pública e outros documentos parlamentares e resume tudo nas seguintes conclusões:

"Que é uma jornada de trabalho?" Quão longo é o tempo durante o qual o capital pode consumir a força de trabalho cujo valor diário ele paga? Por quanto tempo a jornada de trabalho pode ser prolongada além do tempo de trabalho necessário à reprodução da própria força de trabalho? A essas questões, como vimos, o capital responde: a jornada de trabalho contém 24 horas inteiras, deduzidas as poucas horas de repouso sem as quais a força de trabalho ficaria absolutamente incapacitada de realizar novamente seu serviço. Desde já, é evidente que o trabalhador, durante toda sua vida, não é senão força de trabalho, razão pela qual todo o seu tempo disponível é, por natureza e por direito, tempo de trabalho que pertence, portanto, à autovalorização do capital. [...] Mas em seu impulso cego e desmedido [...] o capital transgride não apenas os limites morais da jornada de trabalho mas também seus limites puramente físicos. [...] O capital não se importa com a duração de vida da força de trabalho. [...] Assim, a produção capitalista [...]

---

[14] Ibidem, p. 251 [ed. bras.: *O capital*, cit., p. 310]. (N. E. A.)
[15] Ibidem, p. 253 [ed. bras.: *O capital*, cit., p. 313]. (N. E. A.)

Resenha do volume I de O capital *para* The Fortnightly Review

produz o esgotamento e a morte prematuros da própria força de trabalho. Ela prolonga o tempo de produção do trabalhador durante certo período mediante o encurtamento de seu tempo de vida.[16]

Mas isso não contraria o interesse do próprio capital? O capital não precisa repor, no decorrer do tempo, os custos desse desgaste desmedido? Isso pode até ser teoricamente correto. Na prática, o comércio organizado de escravos no interior dos estados sulistas elevou o desgaste da força de trabalho do escravo em sete anos à condição de princípio econômico reconhecido; na prática, o capitalista inglês aposta no aporte de trabalhadores vindos dos distritos rurais.

O que a experiência mostra aos capitalistas é, em geral, uma constante superpopulação, isto é, um excesso de população em relação às necessidades momentâneas de valorização do capital, embora esse fluxo populacional seja formado por gerações de seres humanos atrofiados, de vida curta, que se substituem uns aos outros rapidamente e são, por assim dizer, colhidos antes de estarem maduros. No entanto, a experiência mostra ao observador atento, por outro lado, quão rápida e profundamente a produção capitalista, que, em escala histórica, data quase de ontem, tem afetado a força do povo em sua raiz vital, como a degeneração da população industrial só é retardada pela absorção contínua de elementos vitais natural-espontâneos do campo e como mesmo os trabalhadores rurais, apesar do ar puro e do *principle of natural selection* [princípio da seleção natural] que reina tão soberano entre eles e só permite a sobrevivência dos indivíduos mais fortes, já começam a perecer. O capital, que tem tão "boas razões" para negar os sofrimentos das gerações de trabalhadores que o circundam, é, em seu movimento prático, tão pouco condicionado pela perspectiva do apodrecimento futuro da humanidade e seu irrefreável despovoamento final quanto pela possível queda da Terra sobre o Sol. Em qualquer manobra ardilosa no mercado acionário, ninguém ignora que uma hora ou outra a tempestade chegará, mas cada um espera que o raio atinja a cabeça do próximo, depois de ele próprio ter colhido a chuva de ouro e o guardado em segurança. *Après moi le déluge!* [Depois de mim, o dilúvio] é o lema de todo capitalista e de toda nação capitalista. O capital não tem, por isso, a mínima consideração pela saúde pela duração da vida do trabalhador, a menos que seja forçado pela sociedade a ter essa consideração. [...] De modo geral, no entanto, isso tampouco depende da boa ou má vontade do capitalista individual. A livre concorrência impõe ao capitalista individual, como leis eternas inexoráveis, as leis imanentes da produção capitalista.[17]

A fixação do dia normal de trabalho é resultado de muitos séculos de luta entre empresários e trabalhadores. E é interessante observar as duas correntes opostas nessa luta. No início, as leis visavam forçar os trabalhadores a trabalhar mais tempo; desde a primeira lei dos trabalhadores, promulgada no 23º ano do reinado de Eduardo III (1349), até o século XVIII, as classes

---

[16] Ibidem, p. 279-81 [ed. bras.: *O capital*, cit., p. 337-8]. (N. E. A.)

[17] Ibidem, p. 284-6 [ed. bras.: *O capital*, cit., p. 341-2]. (N. E. A.)

Friedrich Engels – Resumo de O capital

dominantes jamais lograram espremer dos trabalhadores a quantidade total de trabalho possível. No entanto, com a introdução da maquinaria a vapor e da maquinaria moderna, a situação mudou de figura. A introdução do trabalho de mulheres e crianças derrubou tão rapidamente todos os limites tradicionais do tempo de trabalho que o século XIX começou com um sistema de sobretrabalho sem igual na história mundial e que, já em 1802, forçou a legislação a estabelecer limitações para o tempo de trabalho. O senhor Marx faz um relatório abrangente da história da legislação fabril inglesa até a lei fabril de 1867 e chega às seguintes conclusões:

1) A maquinaria e o vapor levam a um sobretrabalho primeiramente nos ramos industriais em que foram empregados e, por essa razão, as restrições legais são introduzidas primeiro nesses ramos. No período subsequente, constatamos, contudo, que esse sistema de sobretrabalho se estendeu a quase todos os ramos, mesmo àqueles em que não é empregada nenhuma maquinaria ou nos quais continuam existindo os modos de produção mais primitivos (ver os relatórios da comissão de investigação do trabalho infantil).

2) Com a introdução do trabalho de mulheres e crianças nas fábricas, o trabalhador "livre" isolado perde sua capacidade de resistência aos assaltos do capital e é forçado a se entregar incondicionalmente. Isso o força a adotar a resistência coletiva; tem início a luta de classe contra classe, de trabalhador coletivo contra capitalista global.

Ao retornar agora àquele momento em que assumimos que nosso trabalhador "livre" e "igual" estabelece um contrato com o capitalista, constatamos que muita coisa mudou essencialmente no processo de produção. Esse contrato não é um contrato livre da parte do trabalhador. Esse tempo diário de que ele dispõe livremente para vender sua força de trabalho é o tempo em que ele é forçado a vendê-la; e somente a oposição da massa dos trabalhadores força a introdução de uma lei estatal que os impeça de vender a si mesmos e a seus filhos à morte e à escravidão por meio de um contrato "voluntário". "No lugar do pomposo catálogo dos 'direitos humanos inalienáveis', tem-se a modesta *Magna Charta* de uma jornada de trabalho legalmente limitada"[18].

O próximo elemento a analisar é a *taxa* do mais-valor e sua relação com a massa do mais-valor produzido. Como fizemos até agora, pressupomos, nesta investigação, que o valor da força de trabalho constitui uma grandeza dada, constante.

Sob esse pressuposto, a taxa determina simultaneamente a massa do mais-valor que o trabalhador individual fornece ao capitalista em um tempo determinado. Dado que o valor diário de nossa força de trabalho perfaz 3 xelins, que corporificam 6 horas de trabalho, e a taxa do mais-valor é 100%,

---

[18] Ibidem, p. 320 [ed. bras.: *O capital*, cit., p. 374]. (N. E. A.)

Resenha do volume I de O capital *para* The Fortnightly Review

o capital variável de 3 xelins produz diariamente um mais-valor de 3 xelins ou o trabalhador fornece diariamente 6 horas de mais-trabalho.

Dado que o capital variável é a expressão monetária do valor de todas as forças de trabalho empregadas por um capitalista, obtém-se a massa do mais-valor produzido pelas forças de trabalho mediante multiplicação do capital variável pela taxa do mais-valor; em outros termos, a massa é determinada pelo valor médio entre a quantidade das forças de trabalho empregadas simultaneamente e o grau de exploração dessas forças. Os dois fatores podem se modificar, de modo que a diminuição de um pode ser compensada pelo aumento do outro. Um capital variável requerido para empregar cem trabalhadores com uma taxa de mais-valor de 50% (ou seja, 3 horas diárias de mais-trabalho), não produzirá um mais-valor mais elevado do que a metade desse capital variável que emprega 50 trabalhadores com uma taxa de mais-valor de 100% (ou seja, 6 horas diárias de mais-trabalho). Assim, sob certas circunstâncias e dentro de certos limites, a oferta de trabalho à disposição do capital pode tornar-se independente da respectiva oferta de trabalhadores. Contudo, a esse crescimento do mais-valor mediante o crescimento de sua taxa são impostas limitações absolutas. Qualquer que seja o valor da força de trabalho, quer ele corporifique duas ou dez horas de trabalho necessário, o valor total que um trabalhador produz dia após dia nunca poderá chegar ao valor que objetifica 24 horas de trabalho. Para obter uma massa igual de mais-valor, o capital variável só poderá ser reposto dentro desses limites mediante extensão da jornada de trabalho. Isso será importante mais adiante para explicar diversos fenômenos que surgem das duas tendências contraditórias do capital: 1) reduzir a quantidade de trabalhadores empregados, isto é, a grandeza do capital variável; e 2) ainda assim produzir a maior massa possível de mais-trabalho.

Ademais:

> as massas de valor e mais-valor produzidas por diferentes capitais – com dado valor da força de trabalho e o grau de exploração desta última sendo igual – estão na razão direta da grandeza dos componentes variáveis desses capitais, isto é, de seus componentes convertidos em força viva de trabalho.
>
> Essa lei contradiz flagrantemente toda a experiência baseada na *aparência*. Qualquer um sabe que um fiador de algodão, que, calculando a porcentagem do capital total aplicado, emprega muito capital constante e pouco capital variável, não embolsa, por causa disso, um lucro ou mais-valor menor que o de um padeiro que põe em movimento muito capital variável e pouco capital constante. Para a solução dessa contradição aparente, são necessários muitos elos intermediários, do mesmo modo como, do ponto de vista da álgebra elementar, muitos elos intermediários são necessários para se compreender que $\frac{0}{0}$ pode representar uma grandeza real.[19]

Para dado país e dada extensão de jornada de trabalho, o mais-valor só pode ser multiplicado mediante a multiplicação da quantidade de trabalha-

---

[19] Ibidem, p. 325 [ed. bras.: *O capital*, cit., p. 378]. (N. E. A.)

Friedrich Engels – Resumo de O capital

dores, isto é, da população; essa multiplicação constitui o limite matemático para a produção do mais-valor pelo capital total desse país. Se, em contrapartida, estiver dada a quantidade de trabalhadores, esse limite é formado pela possível extensão da jornada de trabalho. Mais adiante se verá que essa lei só vale para a forma do mais-valor analisada até aqui.

Neste estágio da nossa investigação, constatamos que não é toda soma de dinheiro que pode ser transformada em capital e que existe um valor mínimo para isso: os custos de uma única força de trabalho e dos meios de trabalho necessários para pô-la em movimento. Admitindo que a taxa de mais-valor perfaça 50%, nosso capitalista em formação deveria empregar dois trabalhadores para que ele próprio pudesse viver como um trabalhador. Procedendo assim, contudo, ele não poderia poupar nada, pois a produção capitalista visa não apenas ao sustento mas também, e em primeira linha, a multiplicação da riqueza.

> Para que pudesse viver duas vezes melhor do que um trabalhador comum e reconverter a metade do mais-valor produzido em capital, ele teria de multiplicar por oito tanto o número de trabalhadores quanto o mínimo do capital adiantado. No entanto, ele mesmo pode, tal como seu trabalhador, tomar parte diretamente no processo de produção, mas então ele será apenas um intermediário entre o capitalista e o trabalhador, um "pequeno patrão". Certo grau de desenvolvimento da produção capitalista impõe que o capitalista possa aplicar todo o tempo – durante o qual ele funciona como capitalista, isto é, como capital personificado – à apropriação e, assim, ao controle do trabalho alheio e à venda dos produtos desse trabalho. As corporações de ofício da Idade Média procuraram impedir pela força a transformação do mestre-artesão em capitalista, limitando a um máximo muito exíguo o número de trabalhadores que um mestre individual podia empregar. O possuidor de dinheiro ou de mercadorias só se transforma realmente num capitalista quando a quantidade desembolsada para a produção ultrapassa em muito o máximo medieval. Aqui, como na ciência da natureza, mostra-se a exatidão da lei, descoberta por Hegel em sua *Lógica*, de que alterações meramente quantitativas, tendo atingido um determinado ponto, convertem-se em diferenças qualitativas.[20]

A soma mínima de valores requerida para transformar um possuidor de dinheiro ou um possuidor de mercadorias em capitalista varia em diferentes estágios de desenvolvimento da produção capitalista e em dado estágio de desenvolvimento para diferentes ramos de negócios.

No decorrer do processo de produção detalhado anteriormente, a relação entre capitalista e trabalhador se modificou essencialmente. Em primeiro lugar, o capital evoluiu no sentido de assumir o comando sobre o trabalho, isto é, sobre o próprio trabalhador. O capital personificado, o capitalista, zela para que o trabalhador faça o seu trabalho com regularidade, esmero e o devido grau de intensidade.

---

[20] Ibidem, p. 326-7 [ed. bras.: *O capital*, cit., p. 380-1]. (N. E. A.)

Resenha do volume I de O capital *para* The Fortnightly Review

O capital desenvolveu-se, ademais, numa relação coercitiva, que obriga a classe trabalhadora a executar mais trabalho do que o exigido pelo círculo estreito de suas próprias necessidades vitais. E, como produtor da laboriosidade alheia, extrator de mais-trabalho e explorador de força de trabalho, o capital excede em energia, desmedida e eficiência todos os sistemas de produção anteriores baseados no trabalho direto compulsório.

Inicialmente, o capital subordina o trabalho conforme as condições técnicas em que historicamente o encontra. Portanto, ele não altera imediatamente o modo de produção. Razão pela qual a produção de mais-valor, na forma como a consideramos até agora, mostrou-se independente de qualquer mudança no modo de produção. Ela não era menos efetiva nas obsoletas padarias do que nas modernas fiações de algodão.

Observando-se o processo de produção do ponto de vista do processo de trabalho, o trabalhador se relaciona com os meios de produção não como capital, mas como mero meio e material de sua atividade produtiva orientada para um fim. Num curtume, por exemplo, ele trata as peles como seu mero objeto de trabalho. Não é para o capitalista que ele curte a pele. Diferentemente de quando observamos o processo de produção do ponto de vista do processo de valorização. Os meios de produção convertem-se imediatamente em meios para a sucção de trabalho alheio. Não é mais o trabalhador que emprega os meios de produção, mas os meios de produção que empregam o trabalhador. Em vez de serem consumidos *por ele* como elementos materiais de sua atividade produtiva, *são eles que o consomem* como fermento de seu próprio processo vital, e o processo vital do capital não é mais do que seu movimento como valor que valoriza a si mesmo. Fornos de fundição e oficinas que permanecem parados à noite, sem sugar trabalho vivo, são "simples perda" ("*mere loss*") para o capitalista. Por isso, fornos de fundição e oficinas de trabalho constituem um "direito de exigir trabalho noturno" das forças de trabalho. [Ver os "Relatórios da Comissão de Investigação do Trabalho Infantil", 4º relatório, 1865, p. 79-85.] A simples transformação do dinheiro em fatores objetivos do processo de produção, em meios de produção, converte estes últimos em títulos legais e compulsórios ao trabalho e mais-trabalho alheios.[21]

Contudo, existe ainda outra forma de mais-valor. Quando o limite extremo da jornada de trabalho é alcançado, resta ao capitalista outro meio de incremento do mais-trabalho: mediante o aumento da capacidade produtiva do trabalho, mediante a consequente diminuição do valor da força de trabalho e do tempo de trabalho necessário. Essa forma de mais-valor será examinada em um segundo artigo.

Escrito entre 22 de maio e 1º de julho de 1868.
Conforme o manuscrito.

---

[21] Ibidem, p. 328-9 [ed. bras.: *O capital*, cit., p. 381-2]. (N. E. A.)

Fontes das traduções

Resumo de *O capital*, de Karl Marx. Volume I – [Konspekt über] „Das Kapital" von Karl Marx Erster Band, em *Marx-Engels Werke*, v. 16 (Berlim, Dietz, 1962), p. 243-287

Resenha do volume I de *O capital* para o jornal *Die Zukunft* [O Futuro] – [Rezension des Ersten Bandes „Das Kapital" für die „Zukunft"], em *Marx--Engels Werke*, v. 16 (Berlim, Dietz, 1962), 207-9

Resenha do volume I de *O capital* para a *Rheinische Zeitung* [*Gazeta Renana*] – [Rezension des Ersten Bandes „Das Kapital" für die „Rheinische Zeitung"], em *Marx-Engels Werke*, v. 16 (Berlim, Dietz, 1962), p. 210-3

Resenha do volume I de *O capital* para a *Elberfelder Zeitung* [Gazeta de Elberfeld] – [Rezension des Ersten Bandes „Das Kapital" für die „Elberfelder Zeitung"], em *Marx-Engels Werke*, v. 16 (Berlim, Dietz, 1962), p. 214-5

Resenha do volume I de *O capital* para a *Düsseldorffer Zeitung* [Gazeta de Düsseldorf] – [Rezension des Ersten Bandes „Das Kapital" für die „Düsseldorfer Zeitung"], em *Marx-Engels Werke*, v. 16 (Berlim, Dietz, 1962), p. 216-8

Resenha do volume I de *O capital* para o jornal *Der Beobachter* [O Observador] – [Rezension des Ersten Bandes „Das Kapital" für den „Beobachter"], em *Marx-Engels Werke*, v. 16 (Berlim, Dietz, 1962), p. 226-8

Resenha do volume I de *O capital* para o *Gewerbeblatt* [Jornal do Comércio] de Württemberg – [Rezension des Ersten Bandes „Das Kapital" für das „Gewerbeblatt aus Württemberg"], em *Marx-Engels Werke*, v. 16 (Berlim, Dietz, 1962), p. 229-31

Resenha do volume I de *O capital* para a *Neue Badische Landeszeitung* [Novo Jornal de Baden] – [Rezension des Ersten Bandes „Das Kapital" für die „Neue Badische Landeszeitung"], em *Marx-Engels Werke*, v. 16 (Berlim, Dietz, 1962), p. 232-4

Friedrich Engels – Resumo de O capital

Resenha do volume I de *O capital* para o jornal *Demokratisches Wochenblatt* [Semanário Democrático] – [Rezension des Ersten Bandes „Das Kapital" für das „Demokratisches Wochenblatt"], em *Marx-Engels Werke*, v. 16 (Berlim, Dietz, 1962), p. 235-42

Resenha do volume I de *O capital* para *The Fortnightly Review* [A Revista Quinzenal] – [Rezension des Ersten Bandes „Das Kapital" für die „Fortnightly Review"], em *Marx-Engels Werke*, v. 16 (Berlim, Dietz, 1962), p. 288-309

Apêndice

Carta de Marx a Engels, escrita em 16 de agosto de 1867, agradecendo-o por corrigir as provas de *O capital*: "Este volume está pronto. Apenas a ti devo agradecer que isso tenha sido possível! Sem teu sacrifício por mim eu jamais teria conseguido realizar esse gigantesco trabalho".

Friedrich Engels a Karl Marx (Londres)[1]

Manchester, 4 de março de 1858

Querido Mouro,

[...]

Sobre a questão do equipamento, das máquinas, é difícil dizer algo positivo; em todo caso, Babbage está muito equivocado [*wrong*]. O critério mais seguro é o percentual que todo fabricante desconta anualmente pelo uso e pela manutenção de suas máquinas, de tal modo que, ao cabo de certo tempo, amortiza por completo sua maquinaria. Esta porcentagem é geralmente de 7½%; assim, o equipamento seria amortizado em 13 anos e $^1/_3$ mediante os descontos anuais por sua utilização – isto é, poderia renová-lo inteiramente sem o menor prejuízo. Por exemplo: eu tenho um total de £10 mil de maquinaria; ao final de um ano, quando faço o balanço,

subtraio de	10.000£
7 ½% de desgaste	750£
	9.250£
gasto com reparações	100£
a maquinaria me custa	9.350£
ao final do segundo ano amortizo	
7 ½% de 10.000£, 7 ½% de 100£	757,10£
	8.593,10£
gasto com manutenção	306,10£
Toda a maquinaria me custa agora	8.900£ etc.

Entretanto, 13 anos e $^1/_3$ é um período muito longo, durante o qual podem produzir-se muitas bancarrotas e mudanças; pode acontecer de o fabricante

---

[1] Os direitos de publicação das duas cartas que compõem este apêndice foram gentilmente cedidos para esta edição pela editora Expressão Popular, a quem agradecemos pela parceria de longa data. A tradução é de Leila Escorsim Netto, a quem também agradecemos. A publicação original em português pode ser encontrada em Karl Marx e Friedrich Engels, *Cartas sobre o capital* (São Paulo, Expressão Popular, 2020), p. 119-21 e 219-23.

Friedrich Engels – Resumo de O capital

se lançar a novos ramos da indústria, de vender equipamentos antigos e introduzir novos aperfeiçoamentos; porém, se esse cálculo não fosse exato em termos gerais, a prática o teria modificado há tempos. Ademais, a maquinaria antiga que se vendeu não se converte imediatamente em sucata, encontra um comprador entre pequenos industriais da tecelagem etc., que continuam a usá-la. Estamos utilizando máquinas que têm seguramente 20 anos; e, quando se tem ocasião de dar uma vista geral nas barulhentas e velhas fábricas daqui, descobrem-se máquinas que têm, em média, pelo menos 30 anos. Na maioria das máquinas, não há mais do que um reduzido número de peças que se desgastam até o ponto de ter de substituí-las ao cabo de cinco ou seis anos; e, inclusive, ao cabo de 15 anos, quando nenhuma descoberta fez caducar o princípio fundamental da máquina, as peças desgastadas podem ser facilmente substituídas (falo especialmente das máquinas de fiar e das máquinas para desbastar o fio). Decerto que é difícil fixar com precisão um limite à longevidade dessas máquinas. Há que acrescentar que as melhorias introduzidas nestes últimos 20 anos nas máquinas de fiar eram quase todas de tal natureza que podiam ser incorporadas ao quadro existente das máquinas, já que a maioria delas consistiu em aperfeiçoamento de detalhe. (Para o cardado, é verdade, o aumento da dimensão do cilindro de cardagem constituiu uma melhoria central que, para obter uma qualidade superior, tornou sucata a velha maquinaria; porém, para a qualidade usual, a antiga maquinaria é ainda bastante boa).

A afirmação de Babbage é tão absurda que, se fosse verdadeira, o capital industrial na Inglaterra deveria diminuir constantemente e seria preciso gastar muito dinheiro com ele. Um fabricante cujo conjunto de capital faz cinco rotações em quatro anos e, em cinco anos, seis rotações e um quarto, deveria obter, pois, além do lucro médio de 10% anuais, outros 20% sobre os $^3/_4$ aproximados de seu capital (maquinaria) para poder substituir, sem sofrer perdas, as velhas máquinas de que se desfaz; deveria ganhar, por consequência, uns 25%. O preço de todos os artigos teria que ser aumentado mais do que pelo efeito dos salários: onde estaria, então, a vantagem da máquina? Os *wages* [salários] pagos ao final do ano representam talvez um terço do preço da maquinaria – nas simples fiações e tecelagens, certamente menos – e o desgaste representaria $^1/_5$ dessas somas, o que é ridículo. Na Inglaterra não há, seguramente, um só estabelecimento de *line* [categoria] normal da grande indústria que renove seu equipamento a cada cinco anos. Quem fosse tão tolo para fazê-lo forçosamente perderia na primeira mudança; a velha maquinaria, ainda que fosse muito pior, teria vantagem sobre a nova; poderia produzir por muito menos, já que o mercado se ajusta não aos que calculam uns 15% de desgaste por libra de algodão *twist* [fiado], mas àqueles que não aumentam seu preço mais que 6% (aproximadamente $^4/_5$ do desgaste anual de 7 ½%) e, por conseguinte, vendem mais barato.

Friedrich Engels a Karl Marx, 4 de março de 1858

Bastam dez ou doze anos para dar ao *bulk* [essencial] do equipamento mecânico outro caráter, isto é, renová-lo mais ou menos. O período de 13 anos e $^1/_3$ pode ver-se afetado naturalmente pelas bancarrotas, pela quebra de peças essenciais que exigiram uma reparação muito cara etc. e outras eventualidades desse tipo, de tal modo que pode reduzir-se um pouco. Porém, seguramente, não por menos dos dez anos.

[...]

Seu,

F. E.

Friedrich Engels a Karl Marx (Londres)

Manchester, 27 de agosto de 1867

Querido Mouro:

Envio-te dois quadros relativos às máquinas que te esclarecerão toda a coisa. Em regra geral, a cada ano se amortizam, normalmente, 7 ½% do desembolso inicial; entretanto, para simplificar o cálculo, conservei os 10%, o que, para muitas máquinas, não me parece exagerado. Assim, por exemplo:

1860. 1º de janeiro	aquisição	1.000£
1861. 1º de janeiro	amortização de 10%	100£
		900£
	novas aquisições	200£
		1.100£
1862. 1º de janeiro	amortização de 10% sobre 1.200£ (1.000£+200£)	120£
		980£
	novas aquisições	200£
		1.180£
1863. 1º de janeiro	amortização de 10% sobre 1.000£+200£+200£	140£
		1.040£

etc...

No quadro I, suponho que o fabricante *coloque* seu [dinheiro] destinado à amortização. No dia em que tiver de renovar sua maquinaria, em lugar de 1.000£, terá 1.252,11£. No quadro II, parte-se da hipótese de que investe todos os anos, imediatamente, seu dinheiro em máquinas. Como demonstra a última coluna, na qual se reflete o valor de todas as aquisições, tal como se estabelece no último dia deste período de dez anos, o fabricante não conta certamente com um *valor* superior a 1.000£ em máquinas (e não pode contar com mais, porque não investiu mais que o *valor* que representa o desgaste

Friedrich Engels – Resumo de O capital

e porque o *valor total* das máquinas não pode aumentar em virtude desse processo), porém, ano após ano, foi aumentando sua fábrica e trabalhou, para uma média de 11 anos, com máquinas que custaram um investimento de 1.449£ e, por consequência, produziu e ganhou muito mais que com as 1.000£ de que dispunha na origem. Suponhamos que esse fabricante possua uma fábrica de fios e que cada £ represente um fuso acompanhado de uma máquina de fiar em bruto – teremos que fiou com uma média de 1.449 fusos no lugar de mil e, ao desfazer-se dos mil fusos iniciais, em 1 de janeiro de 1866 inicia um novo período com 1.357 fusos adquiridos no intervalo, aos quais vêm somar-se, depois da amortização de 1865, outros 256 fusos, isto é, um total de 1.593 fusos. Graças ao pagamento para amortização, pode *aumentar* em uns 60% o conjunto de suas máquinas, partindo de sua velha ferramenta, e sem investir nenhum *farthing* [cêntimo] de seu *lucro propriamente dito* em novos equipamentos.

Em nenhum desses quadros foram levados em conta os reparos. No caso de uma amortização de 10%, a máquina haveria de cobrir seus próprios gastos de reparações, isto é, eles estão incluídos nessa quantidade. Não mudam em nada a situação, já que estão compreendidos nestes 10% ou prolongam mais a duração da máquina, o que vem a ser o mesmo.

Espero que o quadro II lhe pareça suficientemente claro; se não for assim, escreva-me, pois conservei uma cópia.

Com toda a rapidez.

F. E.

I. O fabricante coloca seus fundos de renovação do material a 5%

Em 1º de janeiro de:

1856	Aquisição de maquinaria por	1.000£	
1857	Amortização 10% por desgaste		100£
1858	Amortização 10% por desgaste	100£	
	Juros de 100£	5£	105£
			205£
1859	Juros de 205£	10,5£	
	Amortização 10%	100£	110,5£
			315,5£
1860	Juros de 315,5£	15,15£	
	Amortização 10%	100£	115,15£
			431£

Friedrich Engels a Karl Marx, 27 de agosto de 1867

1861	Juros de 431£	21,11£	
	Amortização 10%	100£	121,11£
			552,11£
1862	Juros de 552,11£	27,13£	
	Amortização 10%	100£	127,13£
			680,4£
1863	Juros de 680,4£	34£	
	Amortização 10%	100£	134£
			814,4£
1864	Juros de 814,4£	40,14£	
	Amortização 10%	100£	140,14£
			954,18£
1865	Juros de 954,18£	42,15£	
	Amortização 10%	100£	142,15£
			1.097, 13£
1866	Juros de 1.079,13£	54,18£	
	Amortização 10%	100£	154,18£
			1.252,11£

Resultado ao fim de 10 anos, ou seja, em 1º de janeiro de 1866: em lugar das 1.000£ sob a forma de máquinas usadas: 1.252,11£ em dinheiro líquido.

II. O fundo de renovação das máquinas é investido anualmente em máquinas novas

		Novos equipamentos (£)		*Desgaste (%)*	*Valor (£) em 1º/01/1866*
Em 1º de janeiro de:				—	—
	Aquisição de máquinas		1.000	100	
1857	Amortização 10% investido em máquinas novas		100	90	10
1858	Amortização 10% investido em máquinas novas	1.000 100	100 10 110	80	22
			210		
1859	Amortização 10% investido em máquinas novas	1.000 210	100 21 121	70	36
			331		

Friedrich Engels – Resumo de O capital

		Novos equipamentos (£)			Desgaste (%)	Valor (£) em 1º/01/1866
1860	Amortização 10%	1.000	100			
	investido em máquinas novas	331	33	133	60	53
				464		
1861	Amortização 10%	1.000	100			
	investido em máquinas novas	464	46	146	50	73
				610		
1862	Amortização 10%	1.000	100			
	investido em máquinas novas	610	61	161	40	97
				771		
1863	Amortização 10%	1.000	100			
	investido em máquinas novas	771	77	177	30	124
				948		
1864	Amortização 10%	1.000	100			
	investido em máquinas novas	948	95	195	20	156
				1.143		
1865	Amortização 10%	1.000	100			
	investido em máquinas novas	1.143	114	214	10	193
				1.357		
1866	Amortização 10%	1.000	100			
	investido em máquinas novas	1.357	136	236	0	236
	Valor nominal do novo equipamento			1.593		
	Valor real das novas máquinas					1.000

A 1£ por fuso, trabalhou-se em:

1856	com	1.000	fusos	Acumulados	9.486	fusos
1857	"	1.100	"	1863 com	1.948	"
1858	"	1.210	"	1864 "	2.143	"
1859	"	1.331	"	1865 "	2.357	"
1860	"	1.464	"	Em 11 anos,	15.934	fusos
1861	"	1.610	"			
1862	"	1.771	"	Média	1.449	fusos
Acumula		9.486	fusos			

E começa em 1866 com 1.357+236=1.593 fusos.

ÍNDICE ONOMÁSTICO

Bastiat, Frédéric (1801-1850) – economista francês, defensor da teoria da harmonia entre as classes. 63

Bismarck, Otto von (1815-1898) – político e diplomata alemão; foi primeiro-ministro do reino da Prússia e primeiro-chanceler do Império Alemão; apoiou a repressão à Comuna de Paris; promoveu, com uma "revolução a partir de cima", a unidade do Império; autor da lei de exceção contra a social-democracia (conhecida como "lei contra os socialistas"). 10, 76

Boisguillebert, Pierre Le Pesant (1646-1714) – economista e estatístico francês, precursor da economia política clássica na França. 25

Condillac, Étienne-Bonnot du (1715-1780) – filósofo e economista francês, próximo do materialismo; partidário do sistema fisiocrático; foi amigo dos enciclopedistas e principal divulgador das ideias de Locke na França; primeiro a elaborar uma teoria psicológica da utilidade como base do valor. 30, 95

Darwin, Charles (1809-1882) – naturalista inglês que concebeu a teoria da evolução das espécies pelo processo da seleção natural; recolheu uma impressionante quantidade de dados geológicos, botânicos e zoológicos, cuja ordenação e sistematização ocupou vários anos de sua vida até a completa formulação de sua teoria da evolução. 10, 74, 76

Destutt de Tracy, Antoine-Louis-Claude (1754-1836) – economista, filósofo e político francês; partidário da monarquia constitucional. 47

Duncker, Franz Gustav (1822-1888) – editor e político alemão; membro do Partido Progressista; fundador e editor da *VolksZeitung*. 64, 72

Eduardo III (1312-1377) – rei da Inglaterra de 1327 a 1377. 40, 105

Esopo (620 a.C.-564 a.C.) – escritor grego antigo a quem se atribui a paternidade do gênero fábula. 31

Fourier, François Marie Charles (1772-1837) – teórico social e socialista utópico francês, filho de um rico fabricante de tecidos. Propositor do "falanstério", uma comunidade na qual se viveria de acordo com novas regras e novos princípios; influenciou muitos escritores franceses e estadunidenses. 72, 83

Gardner, Robert – industrial inglês; em 1844, encurtou a jornada de trabalho de 12 para 11 horas em sua fiação de algodão em Preston. 56

Hargreaves, James (1710-1778) – mecânico e inventor inglês; criador da máquina de fiar, a que chamou de Spinning Jenny em homenagem à filha mais velha; patenteou o invento em 1770 e fundou uma tecelagem. 52

Hegel, Georg Wilhelm Friedrich (1770-1831) – filósofo e professor na Universidade de Berlim; figura de destaque do Idealismo Alemão. 108

Henrique VII (1457-1509) – rei da Inglaterra de 1485 a 1509. 68

João I (João Sem Terra) – rei da Inglaterra de 1199 a 1216. 42

Kisselev, Pavel Dmitrievich (1788-1872) – político russo; lutou na guerra contra Napoleão; foi governador da Moldávia e

Friedrich Engels – Resumo de O capital

da Valáquia, ministro e depois embaixador em Paris. 39, 104

Kugelmann, Ludwig (1828-1902) – físico alemão; participou da Revolução 1848-1849; foi membro da Internacional; amigo e correspondente de Marx e Engels. 63, 75, 77

Laplace, Pierre Simon (1749-1827) – matemático, astrônomo e físico francês; desenvolveu uma equação que leva o seu nome e que beneficiou campos como a astronomia, o eletromagnetismo e a mecânica dos fluidos. 74

Lassalle, Ferdinand (1825-1864) – jurista, escritor e político socialista alemão, defensor dos ideais democráticos; seguidor de Hegel e amigo de Marx, embora não estivessem de acordo a respeito das questões fundamentais de sua época. 63, 67, 72, 73, 76, 83

Liebknecht, Wilhelm (1826-1900) – jornalista, um dos mais importantes líderes do movimento operário alemão e internacional de sua época; participou da Revolução de 1848-1849; membro da Liga dos Comunistas e da Internacional; fundador do Partido dos Trabalhadores da Saxônia; cofundador do Partido Social-Democrata da Alemanha; membro do parlamento da Alemanha do Norte e do parlamento alemão; atuou em defesa da Comuna de Paris; grande amigo de Marx e Engels. 83

List, Friedrich (1789-1846) – economista alemão, defensor do protecionismo. 63

Ludd, Ned – figura lendária que serviu de inspiração ao movimento ludista. 57

Luís XIV (1638-1715) – rei da França de 1643 a 1715. 25

McCulloch, John Ramsay (1789-1864) – economista e estatístico escocês, popularizou a teoria de Ricardo. 46

Newman, Samuel Phillips (1797-1842) – padre, economista e fisiologista estadunidense. 30

Owen, Robert (1771-1858) – pensador britânico; socialista utópico, criou várias comunidades industriais; influente entre o operariado inglês; defendeu inovações pedagógicas como o jardim de infância, a escola ativa e os cursos noturnos. 12, 83

Proudhon, Pierre Joseph (1809-1865) – escritor, economista e sociólogo francês; um dos fundadores do anarquismo; membro da Assembleia Constituinte da França (1848). 72

Quesnay, François (1694-1774) – economista e físico francês; fundador da escola dos fisiocratas. 12, 45

Rau, Karl Heinrich (1792-1870) – economista alemão. 63, 72

Ricardo, David (1772-1823) – economista inglês, expoente da economia política clássica. 12, 63, 64, 67, 76

Rodbertus-Jagetzow, Johann Karl (1805-1875) – economista alemão, líder da centro-esquerda na Assembleia Nacional da Prússia e depois teórico do "socialismo de Estado". 63

Röscher, Wilhelm (1817-1894) – economista alemão, fundador da tendência historicista da economia política. 63, 72

Saint-Simon, Claude Henri de Rouvroy (1760-1825) – socialista utópico francês. 83

Schulze-Delitzsch, Franz Hermann (1808-1883) – economista e político liberal alemão; defendeu a unificação da Alemanha sob a supremacia da Prússia; um dos fundadores do Partido Progressista. 63

Senior, Nassau William (1790-1864) – economista inglês, vulgarizador da teoria de Ricardo; opositor da redução da jornada de trabalho. 39, 46, 102

Siebel, Karl (1836-1868) – poeta alemão; trabalhou na promoção dos trabalhos de Marx e Engels, inclusive do volume I de *O capital*; parente distante de Engels. 71, 73, 81

Sismondi, Jean Charles Léonard Simonde de (1773-1842) – economista suíço, expoente da vertente romântica. 12, 64

Smith, Adam (1723-1790) – economista escocês, expoente da economia política clássica. 12, 13, 76

Steuart, James (1712-1780) – economista britânico, um dos últimos mercantilistas. 91

Tooke, Thomas (1774-1858) – economista inglês, seguidor da economia política clássica. 91

Torrens, Robert (1780-1864) – economista inglês, seguidor da "teoria da circulação monetária". 30

Turgot, Anne Robert Jacques (1727-1781) – economista e político francês; fisiocrata. 92

Índice onomástico

Ure, Andrew (1778-1857) – químico inglês, defensor do livre-comércio; opositor da redução da jornada de trabalho. 46

Vauban, Sébastien Le Prêtre de (1633-1707) – militar, engenheiro e economista francês. 25

Voltaire, François Marie Arouet (1694-1778) – filósofo, escritor e historiador iluminista francês. 101

Wirth, Max (1822-1900) – economista e jornalista liberal alemão. 72

Wolff, Wilhelm (1809-1864) – professor e revolucionário alemão; liderança da Liga Comunista e editor da *Nova Gazeta Renana*; deputado da Assembleia Nacional de Frankfurt (1849); grande amigo e colaborador e Marx e Engels. 71

CRONOLOGIA RESUMIDA DE MARX E ENGELS

	Karl Marx	Friedrich Engels	Fatos históricos
1818	Em Trier (capital da província alemã do Reno), nasce Karl Marx (5 de maio), o segundo de oito filhos de Heinrich Marx e Enriqueta Pressburg. Trier na época era influenciada pelo liberalismo revolucionário francês e pela reação ao Antigo Regime, vinda da Prússia.		Simón Bolívar declara a Venezuela independente da Espanha.
1820		Nasce Friedrich Engels (28 de novembro), primeiro dos oito filhos de Friedrich Engels e Elizabeth Franziska Mauritia van Haar, em Barmen, Alemanha. Cresce no seio de uma família de industriais religiosa e conservadora.	George IV se torna rei da Inglaterra, pondo fim à Regência. Insurreição constitucionalista em Portugal.
1824	O pai de Marx, nascido Hirschel, advogado e conselheiro de Justiça, é obrigado a abandonar o judaísmo por motivos profissionais e políticos (os judeus estavam proibidos de ocupar cargos públicos na Renânia). Marx entra para o Ginásio de Trier (outubro).		Simón Bolívar se torna chefe do Executivo do Peru.
1830	Inicia seus estudos no Liceu Friedrich Wilhelm, em Trier.		Estouram revoluções em diversos países europeus. A população de Paris insurge-se contra a promulgação de leis que dissolvem a Câmara e suprimem a liberdade de imprensa. Luís Filipe assume o poder.
1831			Em 14 de novembro, morre Hegel.

Friedrich Engels – Resumo de O capital

Karl Marx	Friedrich Engels	Fatos históricos
1834	Engels ingressa, em outubro, no Ginásio de Elberfeld.	A escravidão é abolida no Império Britânico. Insurreição operária em Lyon.
1835 Escreve "Reflexões de um jovem perante a escolha de sua profissão". Presta exame final de bacharelado em Trier (24 de setembro). Inscreve-se na Universidade de Bonn.		Revolução Farroupilha, no Brasil. O Congresso alemão faz moção contra o movimento de escritores Jovem Alemanha.
1836 Estuda Direito na Universidade de Bonn. Participa do Clube de Poetas e de associações estudantis. No verão, fica noivo em segredo de Jenny von Westphalen, sua vizinha em Trier. Em razão da oposição entre as famílias, casar-se-iam apenas sete anos depois. Matricula--se na Universidade de Berlim.	Na juventude, fica impressionado com a miséria em que vivem os trabalhadores das fábricas de sua família. Escreve "Poema".	Fracassa o golpe de Luís Napoleão em Estrasburgo. Criação da Liga dos Justos.
1837 Transfere-se para a Universidade de Berlim e estuda com mestres como Gans e Savigny. Escreve "Canções selvagens" e "Transformações". Em carta ao pai, descreve sua relação contraditória com o hegelianismo, doutrina predominante na época.	Por insistência do pai, Engels deixa o ginásio e começa a trabalhar nos negócios da família. Escreve "História de um pirata".	A rainha Vitória assume o trono na Inglaterra.
1838 Entra para o Clube dos Doutores, encabeçado por Bruno Bauer. Perde o interesse pelo direito e entrega-se com paixão ao estudo da filosofia, o que lhe compromete a saúde. Morre seu pai.	Estuda comércio em Bremen. Começa a escrever ensaios literários e sociopolíticos, poemas e panfletos filosóficos em periódicos como o *Hamburg Journal* e o *Telegraph für Deutschland*, entre eles o poema "O beduíno" (setembro), sobre o espírito da liberdade.	Richard Cobden funda a Anti-Corn-Law--League, na Inglaterra. Proclamação da Carta do Povo, que originou o cartismo.
1839	Escreve o primeiro trabalho de envergadura, "Briefe aus dem Wuppertal" [Cartas de Wuppertal], sobre a vida operária em Barmen e na vizinha Elberfeld (*Telegraph für Deutschland*, primavera). Outros viriam, como "Literatura popular alemã", "Karl Beck" e "Memorabilia de Immermann". Estuda a filosofia de Hegel.	Feuerbach publica *Zur Kritik der Hegelschen Philosophie* [Crítica da filosofia hegeliana]. Primeira proibição do trabalho de menores na Prússia. Auguste Blanqui lidera o frustrado levante de maio, na França.
1840 K. F. Koeppen dedica a Marx seu estudo "Friedrich der Grosse und seine Widersacher" [Frederico, o Grande, e seus adversários].	Engels publica "Réquiem para o Aldeszeitung alemão" (abril), "Vida literária moderna", no *Mitternachtzeitung* (março--maio) e "Cidade natal de Siegfried" (dezembro).	Proudhon publica *O que é a propriedade?* [Qu'est-ce que la propriété?].

Cronologia resumida de Marx e Engels

Karl Marx	Friedrich Engels	Fatos históricos
1841 Com uma tese sobre as diferenças entre as filosofias de Demócrito e Epicuro, Marx recebe em Iena o título de doutor em Filosofia (15 de abril). Volta a Trier. Bruno Bauer, acusado de ateísmo, é expulso da cátedra de teologia da Universidade de Bonn e, com isso, Marx perde a oportunidade de atuar como docente nessa universidade.	Publica "Ernst Moritz Arndt". Seu pai o obriga a deixar a escola de comércio para dirigir os negócios da família. Engels prosseguiria sozinho seus estudos de filosofia, religião, literatura e política. Presta o serviço militar em Berlim por um ano. Frequenta a Universidade de Berlim como ouvinte e conhece os jovens hegelianos. Critica intensamente o conservadorismo na figura de Schelling, com os escritos "Schelling sobre Hegel", "Schelling e a revelação" e "Schelling, filósofo em Cristo".	Feuerbach traz a público *A essência do cristianismo* [*Das Wesen des Christentums*]. Primeira lei trabalhista na França.
1842 Elabora seus primeiros trabalhos como publicista. Começa a colaborar com o jornal *Rheinische Zeitung* [Gazeta Renana], publicação da burguesia em Colônia, do qual mais tarde seria redator. Conhece Engels, que na ocasião visitava o jornal.	Em Manchester, assume a fiação do pai, a Ermen & Engels. Conhece Mary Burns, jovem trabalhadora irlandesa, que viveria com ele até a morte dela. Mary e a irmã Lizzie mostram a Engels as dificuldades da vida operária, e ele inicia estudos sobre os efeitos do capitalismo no operariado inglês. Publica artigos no *Rheinische Zeitung*, entre os quais "Crítica às leis de imprensa prussianas" e "Centralização e liberdade".	Eugène Sue publica *Os mistérios de Paris*. Feuerbach publica *Vorläufige Thesen zur Reform der Philosophie* [Teses provisórias para uma reforma da filosofia]. O Ashley's Act proíbe o trabalho de menores e mulheres em minas na Inglaterra.
1843 Sob o regime prussiano, é fechado o *Rheinische Zeitung*. Marx casa-se com Jenny von Westphalen. Recusa convite do governo prussiano para ser redator no diário oficial. Passa a lua de mel em Kreuznach, onde se dedica ao estudo de diversos autores, com destaque para Hegel. Redige os manuscritos que viriam a ser conhecidos como *Crítica da filosofia do direito de Hegel* [*Zur Kritik der Hegelschen Rechtsphilosophie*]. Em outubro vai a Paris, onde Moses Hess e George Herwegh o apresentam às sociedades secretas socialistas e comunistas e às associações operárias alemãs. Conclui *Sobre a questão judaica* [*Zur Judenfrage*]. Substitui Arnold Ruge na direção dos *Deutsch-Französische Jahrbücher* [Anais Franco-Alemães]. Em dezembro inicia grande amizade com Heinrich Heine e conclui sua "Crítica da filosofia do direito de Hegel – Introdução" [Zur Kritik der Hegelschen Rechtsphilosophie – Einleitung].	Engels escreve, com Edgar Bauer, o poema satírico "Como a Bíblia escapa milagrosamente a um atentado impudente, ou o triunfo da fé", contra o obscurantismo religioso. O jornal *Schweuzerisher Republicaner* publica suas "Cartas de Londres". Em Bradford, conhece o poeta G. Weerth. Começa a escrever para a imprensa cartista. Mantém contato com a Liga dos Justos. Ao longo desse período, suas cartas à irmã favorita, Marie, revelam seu amor pela natureza e por música, livros, pintura, viagens, esporte, vinho, cerveja e tabaco.	Feuerbach publica *Grundsätze der Philosophie der Zukunft* [Princípios da filosofia do futuro].

129

Friedrich Engels – Resumo de O capital

Karl Marx	Friedrich Engels	Fatos históricos
1844	Em colaboração com Arnold Ruge, elabora e publica o primeiro e único volume dos *Deutsch-Französische Jahrbücher*, no qual participa com dois artigos: "A questão judaica" e "Introdução a uma crítica da filosofia do direito de Hegel". Escreve os *Manuscritos econômico-filosóficos* [*Ökonomisch-philosophische Manuskripte*]. Colabora com o *Vorwärts!* [Avante!], órgão de imprensa dos operários alemães na emigração. Conhece a Liga dos Justos, fundada por Weitling. Amigo de Heine, Leroux, Blanqui, Proudhon e Bakunin, inicia em Paris estreita amizade com Engels. Nasce Jenny, primeira filha de Marx. Rompe com Ruge e desliga-se dos *Deutsch-Französische Jahrbücher*. O governo decreta a prisão de Marx, Ruge, Heine e Bernays pela colaboração nos *Deutsch--Französische Jahrbücher*. Encontra Engels em Paris e em dez dias planejam seu primeiro trabalho juntos, *A sagrada família* [*Die heilige Familie*]. Marx publica no *Vorwärts!* artigo sobre a greve na Silésia.	Em fevereiro, Engels publica "Esboço para uma crítica da economia política" [Umrisse zu einer Kritik der Nationalökonomie], texto que influenciou profundamente Marx. Segue à frente dos negócios do pai, escreve para os *Deutsch--Französische Jahrbücher* e colabora com o jornal *Vorwärts!*. Deixa Manchester. Em Paris, torna-se amigo de Marx, com quem desenvolve atividades militantes, o que os leva a criar laços cada vez mais profundos com as organizações de trabalhadores de Paris e Bruxelas. Vai para Barmen.	O Graham's Factory Act regula o horário de trabalho para menores e mulheres na Inglaterra. Fundado o primeiro sindicato operário na Alemanha. Insurreição de operários têxteis na Silésia e na Boêmia.
1845	Por causa do artigo sobre a greve na Silésia, a pedido do governo prussiano Marx é expulso da França, juntamente com Bakunin, Bürgers e Bornstedt. Muda-se para Bruxelas e, em colaboração com Engels, escreve e publica em Frankfurt *A sagrada família*. Ambos começam a escrever *A ideologia alemã* [*Die deutsche Ideologie*], e Marx elabora "As teses sobre Feuerbach" [*Thesen über Feuerbach*]. Em setembro, nasce Laura, segunda filha de Marx e Jenny. Em dezembro, ele renuncia à nacionalidade prussiana.	As observações de Engels sobre a classe trabalhadora de Manchester, feitas anos antes, formam a base de uma de suas obras principais, *A situação da classe trabalhadora na Inglaterra* [*Die Lage der arbeitenden Klasse in England*] (publicada primeiramente em alemão; a edição seria traduzida para o inglês 40 anos mais tarde). Em Barmen, organiza debates sobre as ideias comunistas com Hess e profere os "Discursos de Elberfeld". Em abril, sai de Barmen e encontra Marx em Bruxelas. Juntos, estudam economia e fazem uma breve visita a Manchester (julho e agosto), onde percorrem alguns jornais locais, como o *Manchester Guardian* e o *Volunteer Journal for Lancashire and Cheshire*. É lançada *A situação da classe trabalhadora na Inglaterra*, em Leipzig. Começa sua vida em comum com Mary Burns.	Criada a organização internacionalista Democratas Fraternais, em Londres. Richard M. Hoe registra a patente da primeira prensa rotativa moderna.
1846	Marx e Engels organizam em Bruxelas o primeiro Comitê de Correspondência da Liga dos Justos,	Seguindo instruções do Comitê de Bruxelas, Engels estabelece estreitos contatos com socialistas e	Os Estados Unidos declaram guerra ao México. Rebelião

Cronologia resumida de Marx e Engels

Karl Marx

uma rede de correspondentes comunistas em diversos países, a qual Proudhon se nega a integrar. Em carta a Annenkov, Marx critica o recém-publicado *Sistema das contradições econômicas ou Filosofia da miséria* [*Système des contradictions économiques ou Philosophie de la misère*], de Proudhon. Redige com Engels a *Zirkular gegen Kriege* [Circular contra Kriege], crítica a um alemão emigrado dono de um periódico socialista em Nova York. Por falta de editor, Marx e Engels desistem de publicar *A ideologia alemã* (a obra só seria publicada em 1932, na União Soviética). Em dezembro, nasce Edgar, o terceiro filho de Marx.

1847 Filia-se à Liga dos Justos, em seguida nomeada Liga dos Comunistas. Realiza-se o primeiro congresso da associação em Londres (junho), ocasião em que se encomenda a Marx e Engels um manifesto dos comunistas. Eles participam do congresso de trabalhadores alemães em Bruxelas e, juntos, fundam a Associação Operária Alemã de Bruxelas. Marx é eleito vice-presidente da Associação Democrática. Conclui e publica a edição francesa de *Miséria da filosofia* [*Misère de la philosophie*] (Bruxelas, julho).

1848 Marx discursa sobre o livre-cambismo numa das reuniões da Associação Democrática. Com Engels publica, em Londres (fevereiro), o *Manifesto Comunista*. O governo revolucionário francês, por meio de Ferdinand Flocon, convida Marx a morar em Paris após o governo belga expulsá-lo de Bruxelas. Redige com Engels "Reivindicações do Partido Comunista da Alemanha" [Forderungen der Kommunistischen Partei in Deutschland] e organiza o regresso dos membros alemães da Liga dos Comunistas à pátria. Com sua família e com Engels, muda-se em fins de maio para Colônia, onde ambos fundam o jornal *Neue Rheinische Zeitung* [Nova Gazeta Renana], cuja primeira edição é

Friedrich Engels

comunistas franceses. No outono, ele se desloca para Paris com a incumbência de estabelecer novos comitês de correspondência. Participa de um encontro de trabalhadores alemães em Paris, propagando ideias comunistas e discorrendo sobre a utopia de Proudhon e o socialismo real de Karl Grün.

Engels viaja a Londres e participa com Marx do I Congresso da Liga dos Justos. Publica "Princípios do comunismo" [Grundsätze des Kommunismus], uma "versão preliminar" do *Manifesto Comunista* [*Manifest der Kommunistischen Partei*]. Em Bruxelas, com Marx, participa da reunião da Associação Democrática, voltando em seguida a Paris para mais uma série de encontros. Depois de atividades em Londres, volta a Bruxelas e escreve, com Marx, o *Manifesto Comunista*.

Expulso da França por suas atividades políticas, chega a Bruxelas no fim de janeiro. Juntamente com Marx, toma parte na insurreição alemã, de cuja derrota falaria quatro anos depois em *Revolução e contrarrevolução na Alemanha* [*Revolution und Konterevolution in Deutschland*]. Engels exerce o cargo de editor do *Neue Rheinische Zeitung*, recém-criado por ele e Marx. Participa, em setembro, do Comitê de Segurança Pública criado para rechaçar a contrarrevolução, durante grande ato popular promovido pelo *Neue Rheinische Zeitung*. O periódico sofre suspensões, mas prossegue ativo. Procurado pela polícia, Engels tenta se exilar na Bélgica, onde é preso e

Fatos históricos

polonesa em Cracóvia. Crise alimentar na Europa. Abolidas, na Inglaterra, as "leis dos cereais".

A Polônia torna-se província russa. Guerra civil na Suíça. Realiza-se em Londres o II Congresso da Liga dos Comunistas (novembro).

Definida, na Inglaterra, a jornada de dez horas para menores e mulheres na indústria têxtil. Criada a Associação Operária, em Berlim. Fim da escravidão na Áustria. Abolição da escravidão nas colônias francesas. Barricadas em Paris: eclode a revolução; o rei Luís Filipe abdica e a República é proclamada. A revolução se alastra pela Europa. Em junho, Blanqui lidera novas insurreições

Friedrich Engels – Resumo de O capital

Karl Marx	Friedrich Engels	Fatos históricos
publicada em 1º de junho, com o subtítulo *Organ der Demokratie*. Marx começa a dirigir a Associação Operária de Colônia e acusa a burguesia alemã de traição. Proclama o terrorismo revolucionário como único meio de amenizar "as dores de parto" da nova sociedade. Conclama ao boicote fiscal e à resistência armada.	depois expulso. Muda-se para a Suíça.	operárias em Paris, brutalmente reprimidas pelo general Cavaignac. Decretado estado de sítio em Colônia em reação a protestos populares. O movimento revolucionário reflui.

	Karl Marx	Friedrich Engels	Fatos históricos
1849	Marx e Engels são absolvidos em processo por participação nos distúrbios de Colônia (ataques a autoridades publicados no *Neue Rheinische Zeitung*). Ambos defendem a liberdade de imprensa na Alemanha. Marx é convidado a deixar o país, mas ainda publicaria "Trabalho assalariado e capital" [Lohnarbeit und Kapital]. O periódico, em difícil situação, é extinto (maio). Marx, em condição financeira precária (vende os próprios móveis para pagar as dívidas), tenta voltar a Paris, mas, impedido de ficar, é obrigado a deixar a cidade em 24 horas. Graças a uma campanha de arrecadação de fundos promovida por Ferdinand Lassalle na Alemanha, Marx se estabelece com a família em Londres, onde nasce Guido, seu quarto filho (novembro).	Em janeiro, Engels retorna a Colônia. Em maio, toma parte militarmente na resistência à reação. À frente de um batalhão de operários, entra em Elberfeld, motivo pelo qual sofre sanções legais por parte das autoridades prussianas, enquanto Marx é convidado a deixar o país. É publicado o último número do *Neue Rheinische Zeitung*. Marx e Engels vão para o sudoeste da Alemanha, onde Engels se envolve no levante de Baden-Palatinado, antes de seguir para Londres.	Proudhon publica *Les confessions d'un révolutionnaire* [As confissões de um revolucionário]. A Hungria proclama sua independência da Áustria. Após período de refluxo, reorganiza-se no fim do ano, em Londres, o Comitê Central da Liga dos Comunistas, com a participação de Marx e Engels.
1850	Ainda em dificuldades financeiras, organiza a ajuda aos emigrados alemães. A Liga dos Comunistas reorganiza as sessões locais e é fundada a Sociedade Universal dos Comunistas Revolucionários, cuja liderança logo se fraciona. Edita em Londres a *Neue Rheinische Zeitung* [Nova Gazeta Renana], revista de economia política, bem como *Lutas de classe na França* [*Die Klassenkämpfe in Frankreich*]. Morre o filho Guido.	Publica *A guerra dos camponeses na Alemanha* [*Der deutsche Bauernkrieg*]. Em novembro, retorna a Manchester, onde viverá por vinte anos, e às suas atividades na Ermen & Engels; o êxito nos negócios possibilita ajudas financeiras a Marx.	Abolição do sufrágio universal na França.
1851	Continua em dificuldades, mas, graças ao êxito dos negócios de Engels em Manchester, conta com ajuda financeira. Dedica-se intensamente aos estudos de economia na biblioteca do Museu Britânico. Aceita o convite de trabalho do *New York Daily Tribune*, mas é Engels quem envia os primeiros textos, intitulados	Engels, ao lado de Marx, começa a colaborar com o Movimento Cartista [Chartist Movement]. Estuda língua, história e literatura eslava e russa.	Na França, golpe de Estado de Luís Bonaparte. Realização da primeira Exposição Universal, em Londres.

Cronologia resumida de Marx e Engels

Karl Marx	Friedrich Engels	Fatos históricos
"Contrarrevolução na Alemanha", publicados sob a assinatura de Marx. Hermann Becker publica em Colônia o primeiro e único tomo dos *Ensaios escolhidos de Marx*. Nasce Francisca (28 de março), a quinta de seus filhos.		
1852 Envia ao periódico *Die Revolution*, de Nova York, uma série de artigos sobre *O 18 de brumário de Luís Bonaparte* [*Der achtzehnte Brumaire des Louis Bonaparte*]. Sua proposta de dissolução da Liga dos Comunistas é acolhida. A difícil situação financeira é amenizada com o trabalho para o *New York Daily Tribune*. Morre a filha Francisca, nascida um ano antes.	Publica *Revolução e contrarrevolução na Alemanha* [*Revolution und Konterevolution in Deutschland*]. Com Marx, elabora o panfleto *O grande homem do exílio* [*Die grossen Männer des Exils*] e uma obra, hoje desaparecida, chamada *Os grandes homens oficiais da Emigração*; nela, atacam os dirigentes burgueses da emigração em Londres e defendem os revolucionários de 1848-1849. Expõem, em cartas e artigos conjuntos, os planos do governo, da polícia e do judiciário prussianos, textos que teriam grande repercussão.	Luís Bonaparte é proclamado imperador da França, com o título de Napoleão Bonaparte III.
1853 Marx escreve, tanto para o *New York Daily Tribune* quanto para o *People's Paper*, inúmeros artigos sobre temas da época. Sua precária saúde o impede de voltar aos estudos econômicos interrompidos no ano anterior, o que faria somente em 1857. Retoma a correspondência com Lassalle.	Escreve artigos para o *New York Daily Tribune*. Estuda persa e a história dos países orientais. Publica, com Marx, artigos sobre a Guerra da Crimela.	A Prússia proíbe o trabalho para menores de 12 anos.
1854 Continua colaborando com o *New York Daily Tribune*, dessa vez com artigos sobre a revolução espanhola.		
1855 Começa a escrever para o *Neue Oder Zeitung*, de Breslau, e segue como colaborador do *New York Daily Tribune*. Em 16 de janeiro, nasce Eleanor, sua sexta filha, e em 6 de abril morre Edgar, o terceiro.	Escreve uma série de artigos para o periódico *Putman*.	Morte de Nicolau I, na Rússia, e ascensão do czar Alexandre II.
1856 Ganha a vida redigindo artigos para jornais. Discursa sobre o progresso técnico e a revolução proletária em uma festa do *People's Paper*. Estuda a história e a civilização dos povos eslavos. A esposa Jenny recebe uma herança da mãe, o que permite que a família se mude para um apartamento mais confortável.	Acompanhado da mulher, Mary Burns, Engels visita a terra natal dela, a Irlanda.	Morrem Max Stirner e Heinrich Heine. Guerra franco-inglesa contra a China.
1857 Retoma os estudos sobre economia política, por considerar iminente uma nova crise econômica europeia.	Adoece gravemente em maio. Analisa a situação no Oriente Médio, estuda a questão eslava e	O divórcio, sem necessidade de aprovação

Friedrich Engels – Resumo de O capital

Karl Marx	Friedrich Engels	Fatos históricos
Fica no Museu Britânico das nove da manhã às sete da noite e trabalha madrugada adentro. Só descansa quando adoece e aos domingos, nos passeios com a família em Hampstead. O médico o proíbe de trabalhar à noite. Começa a redigir os manuscritos que viriam a ser conhecidos como *Grundrisse der Kritik der Politischen Ökonomie* [Esboços de uma crítica da economia política], e que servirão de base à obra *Para a crítica da economia política* [*Zur Kritik der Politischen Ökonomie*]. Escreve a célebre *Introdução de 1857*. Continua a colaborar no *New York Daily Tribune*. Escreve artigos sobre Jean-Baptiste Bernadotte, Simón Bolívar, Gebhard Blücher e outros na *New American Encyclopaedia* [Nova Enciclopédia Americana]. Atravessa um novo período de dificuldades financeiras e tem um novo filho, natimorto.	aprofunda suas reflexões sobre temas militares. Sua contribuição para a *New American Encyclopaedia* [Nova Enciclopédia Americana], versando sobre as guerras, faz de Engels um continuador de Von Clausewitz e um precursor de Lênin e Mao Tsé-tung. Continua trocando cartas com Marx, discorrendo sobre a crise na Europa e nos Estados Unidos.	parlamentar, se torna legal na Inglaterra.
1858	O *New York Daily Tribune* deixa de publicar alguns de seus artigos. Marx dedica-se à leitura de *Ciência da lógica* [*Wissenschaft der Logik*] de Hegel. Agravam-se os problemas de saúde e a penúria.	Engels dedica-se ao estudo das ciências naturais.	Morre Robert Owen.
1859	Publica em Berlim *Para a crítica da economia política*. A obra só não fora publicada antes porque não havia dinheiro para postar o original. Marx comentaria: "Seguramente é a primeira vez que alguém escreve sobre o dinheiro com tanta falta dele". O livro, muito esperado, foi um fracasso. Nem seus companheiros mais entusiastas, como Liebknecht e Lassalle, o compreenderam. Escreve mais artigos no *New York Daily Tribune*. Começa a colaborar com o periódico londrino *Das Volk*, contra o grupo de Edgar Bauer. Marx polemiza com Karl Vogt (a quem acusa de ser subsidiado pelo bonapartismo), Blind e Freiligrath.	Faz uma análise, com Marx, da teoria revolucionária e suas táticas, publicada em coluna do *Das Volk*. Escreve o artigo "Po und Rhein" [Pó e Reno], em que analisa o bonapartismo e as lutas liberais na Alemanha e na Itália. Enquanto isso, estuda gótico e inglês arcaico. Em dezembro, lê o recém-publicado *A origem das espécies* [*The Origin of Species*], de Darwin.	A França declara guerra à Áustria.
1860	Vogt lança uma série de calúnias contra Marx, e as querelas chegam aos tribunais de Berlim e Londres. Marx escreve "Herr Vogt" [Senhor Vogt].	Engels vai a Barmen para o sepultamento de seu pai (20 de março). Publica a brochura *Savoia, Nice e o Reno* [*Savoyen, Nizza und der Rhein*], polemizando com	Giuseppe Garibaldi toma Palermo e Nápoles.

Cronologia resumida de Marx e Engels

Karl Marx	Friedrich Engels	Fatos históricos
	Lassalle. Continua escrevendo para vários periódicos, entre os quais o *Allgemeine Militar Zeitung*. Contribui com artigos sobre o conflito de secessão nos Estados Unidos no *New York Daily Tribune* e no jornal liberal *Die Presse*.	
1861 Enfermo e depauperado, Marx vai à Holanda, onde o tio Lion Philiph concorda em adiantar-lhe uma quantia, por conta da herança de sua mãe. Volta a Berlim e projeta com Lassalle um novo periódico. Reencontra velhos amigos e visita a mãe em Trier. Não consegue recuperar a nacionalidade prussiana. Regressa a Londres e participa de uma ação em favor da libertação de Blanqui. Retoma seus trabalhos científicos e a colaboração com o *New York Daily Tribune* e o *Die Presse* de Viena.		Eclosão da Guerra Civil dos Estados Unidos. Abolição da servidão na Rússia.
1862 Trabalha o ano inteiro em sua obra científica e encontra-se várias vezes com Lassalle para discutirem seus projetos. Em suas cartas a Engels, desenvolve uma crítica à teoria ricardiana sobre a renda da terra. O *New York Daily Tribune*, justificando-se com a situação econômica interna norte-americana, dispensa os serviços de Marx, o que reduz ainda mais seus rendimentos. Viaja à Holanda e a Trier, e novas solicitações ao tio e à mãe são negadas. De volta a Londres, tenta um cargo de escrevente da ferrovia, mas é reprovado por causa da caligrafia.		Nos Estados Unidos, Lincoln decreta a abolição da escravatura. O escritor Victor Hugo publica *Les misérables* [Os miseráveis].
1863 Marx continua seus estudos no Museu Britânico e se dedica também à matemática. Começa a redação definitiva de *O capital* [*Das Kapital*] e participa de ações pela independência da Polônia. Morre sua mãe (novembro), deixando-lhe algum dinheiro como herança.	Morre, em Manchester, Mary Burns, companheira de Engels (6 de janeiro). Ele permaneceria morando com a cunhada Lizzie. Esboça, mas não conclui, um texto sobre rebeliões camponesas.	
1864 Malgrado a saúde, continua a trabalhar em sua obra científica. É convidado a substituir Lassalle (morto em duelo) na Associação Geral dos Operários Alemães. O cargo, entretanto, é ocupado por Becker. Apresenta o projeto e o estatuto de uma Associação	Engels participa da fundação da Associação Internacional dos Trabalhadores, depois conhecida como a Primeira Internacional. Torna-se coproprietário da Ermen & Engels. No segundo semestre, contribui, com Marx, para o *Sozial-Demokrat*, periódico da	Dühring traz a público seu *Kapital und Arbeit* [Capital e trabalho]. Fundação, na Inglaterra, da Associação Internacional dos Trabalhadores.

Friedrich Engels – Resumo de O capital

Karl Marx	Friedrich Engels	Fatos históricos
Internacional dos Trabalhadores, durante encontro internacional no Saint Martin's Hall de Londres. Marx elabora o "Manifesto de Inauguração da Associação Internacional dos Trabalhadores".	social-democracia alemã que populariza as ideias da Internacional na Alemanha.	É reconhecido o direito a férias na França. Morre Wilhelm Wolff, amigo íntimo de Marx, a quem é dedicado O capital.
1865 Conclui a primeira redação de O capital e participa do Conselho Central da Internacional (setembro), em Londres. Marx escreve Salário, preço e lucro [Lohn, Preis und Profit]. Publica no Sozial-Demokrat uma biografia de Proudhon, morto recentemente. Conhece o socialista francês Paul Lafargue, seu futuro genro.	Recebe Marx em Manchester. Ambos rompem com Schweitzer, diretor do Sozial-Demokrat, por sua orientação lassalliana. Suas conversas sobre o movimento da classe trabalhadora na Alemanha resultam em um artigo para a imprensa. Engels publica "A questão militar na Prússia e o Partido Operário Alemão" [Die preussische Militärfrage und die deutsche Arbeiterpartei].	Assassinato de Lincoln. Proudhon publica De la capacité politique des classes ouvrières [A capacidade política das classes operárias]. Morre Proudhon.
1866 Apesar dos intermináveis problemas financeiros e de saúde, Marx conclui a redação do Livro I de O capital. Prepara a pauta do primeiro Congresso da Internacional e as teses do Conselho Central. Pronuncia discurso sobre a situação na Polônia.	Escreve a Marx sobre os trabalhadores emigrados da Alemanha e pede a intervenção do Conselho Geral da Internacional.	Na Bélgica, são reconhecidos os direitos de associação e a férias. Fome na Rússia.
1867 O editor Otto Meissner publica, em Hamburgo, o primeiro volume de O capital. Os problemas de Marx o impedem de prosseguir no projeto. Redige instruções para Wilhelm Liebknecht, recém-ingressado na Dieta prussiana como representante social-democrata.	Engels estreita relações com os revolucionários alemães, especialmente Liebknecht e Bebel. Envia carta de congratulações a Marx pela publicação do Livro I de O capital. Estuda as novas descobertas da química e escreve artigos e matérias sobre O capital, com fins de divulgação.	
1868 Piora o estado de saúde de Marx, e Engels continua ajudando-o financeiramente. Marx elabora estudos sobre as formas primitivas de propriedade comunal, em especial sobre o mir russo. Corresponde-se com o russo Danielson e lê Dühring. Bakunin se declara discípulo de Marx e funda a Aliança Internacional da Social-Democracia. Casamento da filha Laura com Lafargue.	Engels elabora uma sinopse do Livro I de O capital.	Em Bruxelas, acontece o Congresso da Associação Internacional dos Trabalhadores (setembro).
1869 Liebknecht e Bebel fundam o Partido Operário Social-Democrata alemão, de linha marxista. Marx, fugindo das polícias da Europa continental, passa a viver em Londres com a família, na mais absoluta miséria. Continua os trabalhos para o segundo livro de O capital.	Em Manchester, dissolve a empresa Ermen & Engels, que havia assumido após a morte do pai. Com um soldo anual de 350 libras, auxilia Marx e sua família. Mantém intensa correspondência com Marx. Começa a contribuir com o Volksstaat, o órgão de imprensa do	Fundação do Partido Social-Democrata alemão. Congresso da Primeira Internacional na Basileia, Suíça.

Cronologia resumida de Marx e Engels

Karl Marx	Friedrich Engels	Fatos históricos
Vai a Paris sob nome falso, onde permanece algum tempo na casa de Laura e Lafargue. Mais tarde, acompanhado da filha Jenny, visita Kugelmann em Hannover. Estuda russo e a história da Irlanda. Corresponde-se com De Paepe sobre o proudhonismo e concede uma entrevista ao sindicalista Haman sobre a importância da organização dos trabalhadores.	Partido Social-Democrata alemão. Escreve uma pequena biografia de Marx, publicada no *Die Zukunft* (julho). É lançada a primeira edição russa do *Manifesto Comunista*. Em setembro, acompanhado de Lizzie, Marx e Eleanor, visita a Irlanda.	
1870 Continua interessado na situação russa e em seu movimento revolucionário. Em Genebra, instala-se uma seção russa da Internacional, na qual se acentua a oposição entre Bakunin e Marx, que redige e distribui uma circular confidencial sobre as atividades dos bakunistas e sua aliança. Redige o primeiro comunicado da Internacional sobre a guerra franco-prussiana e exerce, a partir do Conselho Central, uma grande atividade em favor da República francesa. Por meio de Serrailler, envia instruções para os membros da Internacional presos em Paris. A filha Jenny colabora com Marx em artigos para *A Marselhesa* sobre a repressão dos irlandeses por policiais britânicos.	Engels escreve "História da Irlanda" [Die Geschichte Irlands]. Começa a colaborar com o periódico inglês *Pall Mall Gazette*, discorrendo sobre a guerra franco-prussiana. Deixa Manchester em setembro, acompanhado de Lizzie, e instala-se em Londres para promover a causa comunista. Lá, continua escrevendo para o *Pall Mall Gazette*, dessa vez sobre o desenvolvimento das oposições. É eleito por unanimidade para o Conselho Geral da Primeira Internacional. O contato com o mundo do trabalho permitiu a Engels analisar, em profundidade, as formas de desenvolvimento do modo de produção capitalista. Suas conclusões seriam utilizadas por Marx em *O capital*.	Na França, são presos membros da Internacional Comunista. Em 22 de abril, nasce Vladímir Lênin.
1871 Atua na Internacional em prol da Comuna de Paris. Instrui Frankel e Varlin e redige o folheto *Der Bürgerkrieg in Frankreich* [A guerra civil na França]. É violentamente atacado pela imprensa conservadora. Em setembro, durante a Internacional em Londres, é reeleito secretário da seção russa. Revisa o Livro I de *O capital* para a segunda edição alemã.	Prossegue suas atividades no Conselho Geral e atua junto à Comuna de Paris, que instaura um governo operário na capital francesa entre 26 de março e 28 de maio. Participa com Marx da Conferência de Londres da Internacional.	A Comuna de Paris, instaurada após a revolução vitoriosa do proletariado, é brutalmente reprimida pelo governo francês. Legalização das *trade unions* na Inglaterra.
1872 Acerta a primeira edição francesa de *O capital* e recebe exemplares da primeira edição russa, lançada em 27 de março. Participa dos preparativos do V Congresso da Internacional em Haia, quando se decide a transferência do Conselho Geral da organização para Nova York. Jenny, a filha mais velha, casa-se com o socialista Charles Longuet.	Redige com Marx uma circular confidencial sobre supostos conflitos internos da Internacional, envolvendo bakunistas na Suíça, intitulado *As pretensas cisões na Internacional* [Die angeblichen Spaltungen in der Internationale]. Ambos intervêm contra o lassalianismo na social-democracia alemã e escrevem um prefácio para a nova edição alemã do *Manifesto Comunista*. Engels participa do Congresso da Associação Internacional dos Trabalhadores.	Morrem Ludwig Feuerbach e Bruno Bauer. Bakunin é expulso da Internacional no Congresso de Haia.

Friedrich Engels – Resumo de O capital

	Karl Marx	Friedrich Engels	Fatos históricos
1873	Impressa a segunda edição de *O capital* em Hamburgo. Marx envia exemplares a Darwin e a Spencer. Por ordens de seu médico, é proibido de realizar qualquer tipo de trabalho.	Com Marx, escreve para periódicos italianos uma série de artigos sobre as teorias anarquistas e o movimento das classes trabalhadoras.	Morre Napoleão III. As tropas alemãs se retiram da França.
1874	É negada a Marx a cidadania inglesa, "por não ter sido fiel ao rei". Com a filha Eleanor, viaja a Karlsbad para tratar da saúde numa estação de águas.	Prepara a terceira edição de *A guerra dos camponeses alemães*.	Na França, são nomeados inspetores de fábricas e é proibido o trabalho em minas para mulheres e menores.
1875	Continua seus estudos sobre a Rússia. Redige observações ao Programa de Gotha, da social--democracia alemã.	Por iniciativa de Engels, é publicada *Crítica do Programa de Gotha* [*Kritik des Gothaer Programms*], de Marx.	Morre Moses Hess.
1876	Continua o estudo sobre as formas primitivas de propriedade na Rússia. Volta com Eleanor a Karlsbad para tratamento.	Elabora escritos contra Dühring, discorrendo sobre a teoria marxista, publicados inicialmente no *Vorwärts!* e transformados em livro posteriormente.	É fundado o Partido Socialista do Povo na Rússia. Crise na Primeira Internacional. Morre Bakunin.
1877	Marx participa de campanha na imprensa contra a política de Gladstone em relação à Rússia e trabalha no Livro II de *O capital*. Acometido novamente de insônias e transtornos nervosos, viaja com a esposa e a filha Eleanor para descansar em Neuenahr e na Floresta Negra.	Conta com a colaboração de Marx na redação final do *Anti--Dühring* [*Herrn Eugen Dühring's Umwälzung der Wissenschaft*]. O amigo colabora com o capítulo 10 da parte 2 ("Da história crítica"), discorrendo sobre a economia política.	A Rússia declara guerra à Turquia.
1878	Paralelamente ao Livro II de *O capital*, Marx trabalha na investigação sobre a comuna rural russa, complementada com estudos de geologia. Dedica-se também à *Questão do Oriente* e participa de campanha contra Bismarck e Lothar Bücher.	Publica o *Anti-Dühring* e, atendendo ao pedido de Wolhelm Bracke feito um ano antes, publica pequena biografia de Marx, intitulada *Karl Marx*. Morre Lizzie.	Otto von Bismarck proíbe o funcionamento do Partido Socialista na Prússia. Primeira grande onda de greves operárias na Rússia.
1879	Marx trabalha nos Livros II e III de *O capital*.		
1880	Elabora um projeto de pesquisa a ser executado pelo Partido Operário francês. Torna-se amigo de Hyndman. Ataca o oportunismo do periódico *Sozial-Demokrat* alemão, dirigido por Liebknecht. Escreve as "Randglossen zu Adolph Wagners Lehrbuch der politischen Ökonomie" [Glosas marginais ao tratado de economia política de Adolph Wagner]. Bebel, Bernstein e Singer visitam Marx em Londres.	Engels lança uma edição especial de três capítulos do *Anti-Dühring*, sob o título *Socialismo utópico e científico* [*Die Entwicklung des Socialismus Von der Utopie zur Wissenschaft*]. Marx escreve o prefácio do livro. Engels estabelece relações com Kautsky e conhece Bernstein.	Morre Arnold Ruge.

Cronologia resumida de Marx e Engels

Karl Marx	Friedrich Engels	Fatos históricos
1881 Prossegue os contatos com os grupos revolucionários russos e mantém correspondência com Zasulitch, Danielson e Nieuwenhuis. Recebe a visita de Kautsky. Jenny, sua esposa, adoece. O casal vai a Argenteuil visitar a filha Jenny e Longuet. Morre Jenny Marx.	Enquanto prossegue em suas atividades políticas, estuda a história da Alemanha e prepara *Labor Standard*, um diário dos sindicatos ingleses. Escreve um obituário pela morte de Jenny Marx (8 de dezembro).	Fundação da Federation of Labor Unions nos Estados Unidos. Assassinato do czar Alexandre II.
1882 Continua as leituras sobre os problemas agrários da Rússia. Acometido de pleurisia, visita a filha Jenny em Argenteuil. Por prescrição médica, viaja pelo Mediterrâneo e pela Suíça. Lê sobre física e matemática.	Redige com Marx um novo prefácio para a edição russa do *Manifesto Comunista*.	Os ingleses bombardeiam Alexandria e ocupam o Egito e o Sudão.
1883 A filha Jenny morre em Paris (janeiro). Deprimido e muito enfermo, com problemas respiratórios, Marx morre em Londres, em 14 de março. É sepultado no Cemitério de Highgate.	Começa a esboçar *A dialética da natureza* [*Dialektik der Natur*], publicada postumamente em 1927. Escreve outro obituário, dessa vez para a filha de Marx, Jenny. No sepultamento de Marx, profere o que ficaria conhecido como *Discurso diante da sepultura de Marx* [*Das Begräbnis von Karl Marx*]. Após a morte do amigo, publica uma edição inglesa do Livro I de *O capital*; imediatamente depois, prefacia a terceira edição alemã da obra e já começa a preparar o Livro II.	Implantação dos seguros sociais na Alemanha. Fundação de um partido marxista na Rússia e da Sociedade Fabiana, que mais tarde daria origem ao Partido Trabalhista na Inglaterra. Crise econômica na França; forte queda na Bolsa.
1884	Publica *A origem da família, da propriedade privada e do Estado* [*Der Ursprung der Familie, des Privateigentum und des Staates*].	Fundação da Sociedade Fabiana de Londres.
1885	Editado por Engels, é publicado o Livro II de *O capital*.	
1887	Karl Kautsky conclui o artigo "O socialismo jurídico", resposta de Engels a um livro do jurista Anton Menger, e o publica sem assinatura na *Neue Zeit*.	
1889		Funda-se em Paris a II Internacional.
1894	Também editado por Engels, é publicado o Livro III de *O capital*. O mundo acadêmico ignorou a obra por muito tempo, embora os principais grupos políticos logo tenham começado a estudá-la. Engels publica os textos	O oficial francês de origem judaica Alfred Dreyfus, acusado de traição, é preso. Protestos antissemitas multiplicam-se nas principais cidades francesas.

Friedrich Engels – Resumo de O capital

Karl Marx	Friedrich Engels	Fatos históricos
	"Contribuição à história do cristianismo primitivo" [Zur Geschischte des Urchristentums] e "A questão camponesa na França e na Alemanha" [Die Bauernfrage in Frankreich und Deutschland].	
1895	Redige uma nova introdução para *As lutas de classes na França*. Após longo tratamento médico, Engels morre em Londres (5 de agosto). Suas cinzas são lançadas ao mar em Eastbourne. Dedicou-se até o fim da vida a completar e traduzir a obra de Marx, ofuscando a si próprio e a sua obra em favor do que ele considerava a causa mais importante.	Os sindicatos franceses fundam a Confederação Geral do Trabalho. Os irmãos Lumière fazem a primeira projeção pública do cinematógrafo.

COLEÇÃO MARX-ENGELS

O 18 de brumário de Luís Bonaparte
Karl Marx

*Anti-Dühring : a revolução da ciência
segundo o senhor Eugen Dühring*
Friedrich Engels

O capital: crítica da economia política
Livro I: *O processo de produção do capital*
Karl Marx

O capital: crítica da economia política
Livro II: *O processo de circulação do capital*
Karl Marx

O capital: crítica da economia política
Livro III: *O processo global da produção
capitalista*
Karl Marx

Capítulo VI (inédito)
Karl Marx

Crítica da filosofia do direito de Hegel
Karl Marx

Crítica do Programa de Gotha
Karl Marx

*Os despossuídos: debates sobre a lei
referente ao furto de madeira*
Karl Marx

Dialética da natureza
Friedrich Engels

*Diferença entre a filosofia da natureza
de Demócrito e a de Epicuro*
Karl Marx

Esboço para uma crítica da economia política
Friedrich Engels

Escritos ficcionais
Karl Marx

*Grundrisse: manuscritos econômicos
de 1857-1858 – Esboços da crítica
da economia política*
Karl Marx

A guerra civil dos Estados Unidos
Karl Marx e Friedrich Engels

A guerra civil na França
Karl Marx

A ideologia alemã
Karl Marx e Friedrich Engels

Lutas de classes na Alemanha
Karl Marx e Friedrich Engels

As lutas de classes na França de 1848 a 1850
Karl Marx

Lutas de classes na Rússia
Karl Marx e Friedrich Engels

Manifesto Comunista
Karl Marx e Friedrich Engels

Manuscritos econômico-filosóficos
Karl Marx

*Miséria da filosofia: resposta à Filosofia
da Miséria, do sr. Proudhon*
Karl Marx

*A origem da família, da propriedade
privada e do Estado*
Friedrich Engels

*A sagrada família : ou A crítica da Crítica
crítica contra Bruno Bauer e consortes*
Karl Marx e Friedrich Engels

A situação da classe trabalhadora na Inglaterra
Friedrich Engels

Sobre a questão da moradia
Friedrich Engels

Sobre a questão judaica
Karl Marx

Sobre o suicídio
Karl Marx

O socialismo jurídico
Friedrich Engels

*Últimos escritos econômicos: anotações de
1879-1882*
Karl Marx

ARMAS DA CRÍTICA

O CLUBE DO LIVRO DA **BOITEMPO**

UMA BIBLIOTECA PARA **INTERPRETAR** E **TRANSFORMAR** O MUNDO

Lançamentos antecipados
Receba nossos lançamentos em primeira mão, em versão impressa e digital, sem pagar o frete!

Recebido camarada
Todo mês, uma caixa com um lançamento, um marcador e um brinde. Em duas caixas por ano, as novas edições da *Margem Esquerda*, revista semestral da Boitempo.

Fora da caixa
Além da caixa, a assinatura inclui uma versão digital do livro do mês*, um guia de leitura exclusivo no Blog da Boitempo, um vídeo antecipado na TV Boitempo e 30% de desconto na loja virtual da Boitempo.

Quando começo a receber?
As caixas são entregues na segunda quinzena de cada mês. Para receber a caixa do mês, é necessário assinar até o dia 15!

FAÇA SUA ASSINATURA EM ARMASDACRITICA.COM.BR

*Para fazer o resgate do e-book, é necessário se cadastrar na loja virtual da Kobo.

Publicado em 2023, dez anos após o lançamento da primeira edição do Livro I de *O capital* pela Boitempo, em nova tradução feita diretamente do original alemão, este volume foi composto em Palatino Linotype, corpo 10/12, e impresso em papel Pólen Natural 80 g/m² pela gráfica Rettec, para a Boitempo, com tiragem de 5 mil exemplares.